AKADEMISCHES PNEUMA

UND DIE

DREHKRANKEN

VON

A. RIEDLER

MÜNCHEN UND BERLIN 1921
DRUCK UND VERLAG VON R. OLDENBOURG

INHALT.

I. Aus dem Reiche der Professoren.

Pneuma nannte man einst die Seele selbst oder das ihr Eingehauchte, Pneumatik war die Seelenkunde und Pneumatiker die wahren Sendlinge des Seelen- und Geisteslebens.

In unserer Zeit wird Pneumatik mit der Luft in den Gummischläuchen der Radler und Kraftler verkuppelt, was das Wort entwertet, dem Pneuma indes den seelischen Sinn nicht nimmt.

Die Pneumalehre ist vielzweigig ausgewachsen, bis zum »Psychologismus«, der das Seelengetriebe ermitteln will aus den »inneren Erfahrungen«, genau wie der Maschinenbauer seine Getriebe aus den »äußern«, und die Psychotechnik regt sich, die die Menschen messen und werten will, obwohl die Psychologie allezeit stolz war auf ihre »völlige Unabhängigkeit von den bloßen Naturwissenschaften« oder gar von der Technik. Schon werden die Gaben der Begabten für das Leben ausgemessen und gewertet, für die Großbetriebe und neuen Schulen.

Hier soll nur einiges Wesentliche gesagt werden über das Pneuma in der Welt der Professoren, der Grundlehre, des Fortschritts und in der weiten Wirklichkeit.

Einige Goethesprüche sind eingefügt, außer im zweiten Teil, obwohl dort noch zahlreichere angebracht wären.

Seelen und Werke der Professoren zu messen und zu werten, ist der Psychotechnik noch nicht gelungen. Sie bedürfen auch keiner besonderen Meßtechnik, denn gesunde Seelen und Werke der Lehrer sind meist einheitlich und einfach wie der Lehrberuf, oft tief, wie selbstgewähltes Forschen.

Der Lehrberuf gehört zu den höchsten. Seine Aufgabe steht an Wert keiner andern nach und überragt viele. Das einseitige Wirken des Lehrers jedoch, zeitlebens vor Unerfahrenen, das ewige Prüfen der andern, ohne selbst beständig geprüft zu werden, das Amten ohne unmittelbaren eigenen Leistungsnachweis, den Schaffende täglich erbringen müssen, alles das schafft viele kranke Seelen. Nur von diesen Kranken ist hier die Rede, eine Therapie wird später folgen.

Die Pathologie zeigt, daß erkrankte Seelen rasch entarten und dann die bequem hergerichtete Schulwelt für das schwierige Leben halten, das sie mit einem kleinen eigenen Arbeitsausschnitt verwechseln, mit einem engen Forschungsschacht, von dem aus sie ein winziges Stück Fachhimmel und nichts vom Leben sehen.

Sie glauben dann, die Welt und das Denken anderer müsse sich ebenfalls im eigenen engen Kreise drehen, alle müßten richtig und wichtig finden, was die Schulseelen bewegt. Finden sich dann mehrere kranke Geister zusammen, dann kann ein fortschrittsfeindlicher Ring sich bilden und zum Klüngel auswachsen.

Drängt dann von außen unliebsamer Fortschritt, will einer im Innern den Krankentanz der vielen nicht mitmachen oder scheint er auch nur die bequeme Schulwelt zu stören, dann kann Professorenkampf und -Zank und -Stank entfacht werden, der länger dauert als Weltkriege und doch nur grobem Unfug wesensverwandt ist.

Wegen Meinungsverschiedenheiten soll sogar schon schönen Regenschirmen und erheblichen körperlichen Teilen von Professoren Schaden erwachsen sein, wenn den Gedanken allein genügende Schlagkraft mangelte, und Rechtstechniker waren dann veranlaßt, sich mit der Metamorphose der Meinungen in Tinte-, Druck- und Verbalinjurien zu befassen.

Solche Geistesprügeleien wiederholen sich wie Mondesfinsternisse, spotten jedoch jeder Vorberechnung. — Vielleicht läßt sich solch entartetes Pneuma aus dem Wesen der Professorenwelt erklären.

Die Professorenwelt ist einfach, solange nicht Zwangsverbände, eine »Majorität« und der Wille weniger Einseitigen wirken. In der Professorenwelt herrscht die »freie Wissenschaft«, die »um ihrer selbst willen« betriebene, die voraussetzungslose Wissenschaft! Die Freiheit gilt indes nur für das, was dem Verbande paßt.

Und das »Voraussetzungslose« wäre wirksamer, wenn nicht fast alle Wissenschaftsleute Staatsbrot suchten, Stellung und Versorgung beim einzigen Brotherrn der Wissenschaft und Lehre, der jedoch Einzelzweige bevorzugt, was allein schon manches akademische Pneuma erklärt.

Andere Brotherren, wie etwa die Industrie, sind wenig beliebt. Die bauen ja manchmal goldene Käfige für leistungsfähige Forschungshennen, die drinnen fleißig Ertragseier legen sollen; sie verlangen aber stramme Zweckarbeit und vollen Erfolg, über den sie allein urteilen und nicht irgendeine Zunft.

Die meisten Studierten denken nur an Gelehrten- und Forscherglück, an freie Arbeit, aber nur wenige können das Pneuma voll genießen, das hohe, freie Erkenntnis bieten kann, weites Schauen großer Zusammenhänge, hoch über der kampferfüllten Welt. Allzuviele schaffen sich ihre eigene Schul- und Grüblerwelt, sie graben und sammeln und »dozieren« von den Lehrkanzeln herab oder in Büchern, mit der einzigen Sorge belastet, ob die Form wohl zunftgenehm sei.

In dieser engen Welt gedeihen viele Krankheiten, ansteckende, selbst seuchenartige, und viel üble Folgen erwachsen aus den gleichen Ursachen:

aus lebenslangem Absperren vom Leben, vom Schaffen, von unmittelbarer scharfer Verantwortung und aus fehlendem »Wechsel« wegen der Zunft und ihrer Inzucht.

Edelwild kann nicht gesund gehegt werden, wenn ihm das »Wechseln« verwehrt wird, es geht ein! Einseitige Geister können zwar nicht eingehen, wegen des Staatsbrotes, aber arge Krankheiten wüten zum allgemeinen Schaden:

B e l e h r u n g s s u c h t ist die mildeste und häufigste Erkrankungsform. Um jeden Preis belehren wollen, auch wenn es nicht verlangt wird! Nur scheinbar eine professorale Berufskrankheit! Sie ist leider allgemeine deutsche Untugend.

Der Franzose, wenn ihn unerwartet ein Freund besucht, ist ganz »enchanté«, der Angelsachse begrüßt den Besuch mit freudigem Hallo! und dann verkehren natürliche Menschen miteinander. Der wohlgeschulte Deutsche hingegen belehrt alsbald seinen Freund oder jeden andern, daß er mit einem andern Zuge viel früher hätte ankommen können, daß er über Dingsfeld hätte fahren sollen, was zwar etwas länger gedauert hätte, aber viel bequemer gewesen wäre. Art und Ton der Belehrungssüchtigen gehören mit zu den vielen Ursachen, weshalb wir in der ganzen Welt so kolossal beliebt sind.

B e k e h r u n g s s u c h t ist die nächste gefährliche Stufe, die Sucht, jeden auch in nichtigen Dingen zur eigenen Meinung zu überreden, die natürlich die allein richtige ist.

Wieder kein Urdrang der Professoren trotz alles Anscheins! Leider gleichfalls eines unserer eingewurzelten Volksübel.

Daher unsere berühmte Einigkeit, daher der Feuereifer nur im Partei- und Vereinsleben und das häßliche Gezänk selbst im Freundeskreise, sogar im gewöhnlichen Gerede. Im Professorenreich wird dieser Drang besonders bedenklich, weil stets eine Meinung als allein seligmachend gepredigt wird.

Zur Besserwissersucht wächst das Übel aus, zum Rechthabenwollen um jeden Preis. Der andere wird gar nicht gehört, man redet heftig aneinander vorbei, man sagt lieber Unsinn, als zuzugeben, des anderen Meinung könne doch auch begründet sein, oder man könne selbst irren, oder gar, man habe sich geirrt. Sterbende werden noch den Finger aufrecken, um letztwillig zu verkünden: Und recht habe ich doch!

Papstsucht wird schließlich daraus, weil man die armen Befallenen nicht rechtzeitig vom Unfehlbarkeitswahne befreit; das akademische Pneuma schützt nicht vor Ansteckung, und akademische Heilanstalten für diese armen Kranken fehlen.

Zahllos sind die Päpste, die sich ein Richteramt anmaßen über alle Ketzer, deren Glaube an die Papstsüchtigen und ihre »Autoritäten« und an deren Meinungen nicht stark genug, nicht zunftgemäß erscheint.

Verfolgungssucht gegen die anders Gesinnten kommt hinzu, auf Vertreiben der Abtrünnigen dringend, in dem Wahne, diese wollten die schmähenden Päpste absetzen.

Schmähsucht ist ein weiterer Zug der Herrschgierigen, die in jedem anders Denkenden einen persönlichen Feind sehen und ihn »vernichten« wollen aus »wissenschaftlichen« Glaubensgründen, bloß »wissenschaftlich« vernichten, denn das flinke Ketzerverbrennen ist ja leider nicht mehr landesüblich. Papstdrang und Verfolgungswahn erweisen sich dabei immer stärker als aller Verstand, und Unglaubliches wird geredet oder getan, nur wegen des angeblichen Wissenschaftsglaubens.

Drehsucht ist das Übel aller dieser Kranken, die sich zeitlebens um ihre eigene Meinung drehen, um ihre Theorie oder Autorität, ihren schulmäßigen Drehpol. Den halten sie für den Lebensmittelpunkt.

Die Drehkranken sehen außer ihm nichts, hören nichts, wenigstens keinen Sachgrund, verlangen aber, daß alle andern den einfältigen Dreh mittanzen.

»Zum Verdruß aller Gildenmeister.«

Die **Zunftverfahren**, die überlieferten, seit Jahrhunderten alleinherrschenden und geheiligten, sind die Quelle alles Übels.

Sie wirken im engen Kreise und im stillen, doch übermächtig, weil alle Lehre von der eigenwilligen Auslese der Zunft, von ihrer

Inzucht abhängt, weil die Zunft alles fernhält, was ihr nicht paßt, so daß alles akademische Leben sich im Zwangsverbande bewegt.

Zunftseelen grüßen sich von ferne und handeln nach ungeschriebenen Gesetzen, die keiner soll verletzen. Und ungehindert können sie schalten, denn erfahrene anders Denkende wirken ohne Gemeingeist abseits und kümmern sich nicht um das akademische Pneuma.

Geraten die Zünftigen in eine andere Umwelt, dann jammern sie, sie seien vom Pferd auf den Esel geraten und handeln danach. Sie fühlen sich nur wohl im Gewohnten, Überlieferten, das nur gewohntes Denken und keine Taten fordert.

> *»Sie stehen wie ruhige Kolossen auf sich selbst gegründet und bringen keine lebhafte Tätigkeit hervor, die sie zu ihrer Erhaltung nicht bedürfen.«*

Das grundlegende Zunftgebaren war immer einfach. Wenn hienieden nur Naturgesetze walteten, dann wäre es mit aller Zunft vorbei gewesen, als zahlreiche Wissenschaftszweige rasch emporwuchsen. Es gelang ihr jedoch, sich ein neues Dauerleben zu sichern:

durch Trennen aller Wissenschaft und Lehre in einen gemeinen »angewandten« und einen schul- und zunftmäßigen Teil, der überhebend als das einzig »Wissenschaftliche«, als das »Höhere« hingestellt wird, und den man zugleich für das »Reine«, »Strenge«, »Exakte« ausgibt, worin das alleinseligmachende Pneuma wundertätig wirkt, und

durch Erniedrigen des anderen, abgewiesenen Teils, der die schwierige Wirklichkeit berücksichtigen muß, der in die Lehrwelt nicht paßt, der sich nicht schulmäßig lehrsatzhaft und abfragbar herrichten läßt, der mit dem vielgestaltigen Leben zusammenhängt, mit vielen lästigen Erfahrungen und mit sehr unbequemen Sachforderungen.

Dieser Teil könnte jedoch dem »reinen« und »höheren« schaden, das Eigenlob der Trennenden stören, daher muß er voll und ganz erniedrigt werden. Immerdar! Allerorten, oben und außen muß immer wieder betont werden: Was »wir« nicht lehren (unter uns, weil »wir« es nicht kennen!), das ist utilitaristisch, pneumalos, banausisch, sonderfachsimplig, feind oder doch fremd dem »Geiste« und der »Bildung« (die sind ja »unser«!). Die Welt mag wesensanders werden, wir und unsere hergerichtete Lehre nie! Die Banausen sind daher auf engste Nutzfachlehre zu beschränken, und da sie auch dort gefährlich sind, so müssen sie noch besonders erniedrigt werden. Wir allein haben zu herrschen, wie seit jeher!

Trotz alledem muß die alte Zunft geehrt werden, denn sie hat einst Großes vollbracht, als selbständiges Denken scheiterhaufengefährlich war, als alte Kultur wiederzuerwecken und aufsprießende Wissenschaft zu pflegen war, um die die Welt sich nicht kümmerte, weil sie noch nicht ertragverheißend war. In schwerster Zeit hat die Zunft größte Befreiungsarbeit geleistet. Nur haben sich inzwischen die Zeiten und Völker und die ganze Welt völlig verändert.

Professorenfreiheit und Zunftzwang herrschen jetzt, die »Lehrfreiheit«, die der Zunft paßt und den schulgerechten Verfahren. Alles andere ist doch ausgeschlossen durch der selbstgemachten Regeln Gebot.

Professoren sind die einzigen in dieser Welt, denen keine entscheidenden sachkundigen Erfolgbeurteiler vorgesetzt sind, sie bleiben freie Übermenschen, nur beeinflußt durch die Zunft und das eigene Gewissen, die allein entscheiden, ob oder vielmehr daß die Lehre gut sei. Und wenn der Erfolg oder gar die Studierenden ausbleiben, dann ist dies offenbar nur deren Schuld, weil sie Höhe und Tiefe der Lehre nicht erfassen.

Schwer ist es, Professor zu werden, leicht, es zu sein. In der öden Banausenwelt ist es meist umgekehrt, im schaffenden Leben immer, wo nur Leistung und Verantwortung entscheiden.

Professoren sind daher Ausnahmemenschen, sie können sich ihre eigene Welt aufbauen, wie die Dichter, denen aber der Staat am Quartalsersten weder Gehalt noch Sporteln zahlt. Das Professorendasein wäre allzu schön, deshalb sorgt die Vorsehung für selbsttätige Regler und Bremsen.

Lokomotiven ohne diese Regelteile würden bald einen Bahnhof einrennen oder in Wiesen und Wasser hineinlaufen; Menschen, deren körperliche, sittliche oder seelische Regler versagen, werden ins Krankenhaus, ins Sträflings- oder Narrenhaus geschickt, bis ihre Regler wieder richtig wirken.

So sind denn auch die freien Professoren mit Reglern bedacht, durch die Zunft, die dafür sorgt, daß keiner sein wohlbeschnittenes Gehege überspringe und keiner gegen die mühsam aufgebaute Zunft sündige. Wenn der Zunftzwang versagt, dann entladet sich im Innern starker Zank, der selten nach außen dringt. Schuld an allen Kämpfen ist immer das Trennen und der Zunftgeist.

Entstellen der Grundbegriffe, gerade der wichtigen, folgenvollen, ist eines der wirksamsten Werkzeuge, um das gewollte Trennen, das Überheben der eigenen Meinungen und das Erniedrigen der anderen gründlich durchzuführen und durch die Macht der Überlieferung auch für die Zukunft sicherzustellen. Hier liegt die Ursache vieler verkehrten Schulung und zugleich vieler akademischen Zänkereien.

Fast alle Grundbegriffe werden zum mindesten so unklar gelassen, daß alles Einseitige als berechtigt gelten kann. Eine gewollte Unklarheit, wie sie bei anderen Völkern nicht in gleichem Maße zu finden ist!

Bei uns ist fast alles soweit undeutlich, daß es für die Schulmeinungen paßt, für Gelehrtenstreit, für »Systeme« und Geschreibe, ungenießbar den Gesunden und Unzünftigen, die gern auf vielen Gebieten Einsicht gewinnen möchten, aber die gelehrten Formen und Deutungen nicht schlucken wollen. Die Verfertiger der »Systeme« und »Theorien« denken auch nur an ihresgleichen und gar nicht daran, ob sie von Außenstehenden überhaupt verstanden werden. Seit Jahrhunderten!

> *»Die englische Nation verschmäht kein Mittel, Erkenntnis im großen ins Volk zu bringen, ernst und scherzhaft zu verbreiten, was jedermann wissen sollte, während andere Völkerschaften sich mit Streit und Zwist abgeben.«*

Zum Entstellen der Grundbegriffe und ihrer gekünstelten Vieldeutigkeit sind insbesondere die fremden Wörter viel besser geeignet als die deutschen; damit werden allein schon sehr wirksame Hinterhalte geschaffen, die jeden ernsten Leser zwingen, erst zu erforschen oder zu erraten, welchen Sinn der Schreiber dem Worte untergelegt haben mag. Oft ist das Begriffswort, insbesondere als Fremdwort, nur Lüge.

> *»Wenn ich irre, kann es jeder bemerken, wenn ich lüge, nicht.«*

Oft sind es nur leere Schulwörter, nur für den engsten Schulbereich geprägt, dennoch werden darauf »Systeme« und »Methoden« aufgebaut.

Hierüber wird an anderer Stelle Näheres zu sagen sein. Hier genügt schon einiges über das Mißdeuten der »Theorie«.

Die mathematische Sprache ist in die verdeutete Theorie hineingezwängt und in dem Sinne mißbraucht, daß auch alles sachlich Nichtige, wenn es nur in mathematischer Sprache beredet und aufgeputzt ist, als »Wissenschaft« gilt. Damit dringt das Trennen und Erniedrigen tief in die Fachwissenschaften hinein, und das schädigende Verdeuten der Theorie wird dadurch endlos.

Die Mathematik hat jedoch keinen Sachinhalt, sie ist in ihrem Wesen Logik und in ihrer Art ein Verfahren; für die Fachwissenschaften ist sie nur ein Werkzeug, eine ausdrucksvolle Kurzschrift für Größen und Gedankenreihen, für welche die Wortsprache nicht ausreicht. Bei der Benutzung dieses Werkzeuges kann nichts herauskommen, als was sachlich in den Ansatz der Rechnung hineingelegt wurde. Nicht die Mathematik führt, das Werkzeug, sondern die sachliche Rechnung, sie bleibt jedoch ganz abhängig von den sachlichen Annahmen.

Das wissen auch die Zünftigen, die Erfahrungsarmen fühlen sich jedoch mächtig gehoben, wenn sie sacharme Gedanken rechnerisch aufputzen, wenn sie wirklichkeitswidrig und voraussetzungsfalsch herumrechnen, wenn sie falsche Annahmen abergläubig mit mathematischen Formeln behängen. Die lästigen Sachannahmen werden eben entsprechend gewählt, die Wirklichkeit nach Bedarf beschnitten, damit die Rechnung »streng« aussieht.

»Ein großer Teil dessen, was man gewöhnlich Aberglauben nennt, ist aus einer falschen Anwendung der Mathematik entstanden.«

Das Wesen der Sache liegt nur in den sachlichen Voraussetzungen der Rechnung, in den Annahmen, und nie in der Rechnung selbst. Die Einseitigen wollen es jedoch in ihre Formeln verlegen und sagen, der Sachinhalt sei Angelegenheit der erniedrigten Nutzlehre, sachrichtige Rechnung diene nur den »besonderen Fällen«, die seien nicht Aufgabe der »reinen« Wissenschaft, obwohl Welt und Leben sich nur aus Sonderfällen zusammensetzen. Dieser Mißbrauch der Mathematik kennzeichnet auch die meisten Mißverständnisse über die »Theorie« und ist Urgrund vieles Schulelends.

Die Theorie, wenn der Begriff Unklarheiten ausschließen soll, kann nur die Leitgedanken bedeuten zu Fragen, deren Lösung erst erstrebt wird. Unklarheit kommt hinein, wenn die Wissenschaft mit Theorie, mit Hypothesen ohne Sachangabe verkuppelt wird.

»Hypothesen sind Wiegenlieder, womit der Lehrer seine Schüler einlullt.«

Theorie soll den Gegensatz zum seltenen sicheren Wissen ausdrücken. Sie kann nur versuchen, mittels vereinfachender Annahmen, mittels Hypothesen einen nur vermuteten Zusammenhang suchen zu helfen, weil sich alle Bedingungen der Wirklichkeit doch nicht voll erfassen lassen.

Theorie ist die »Idee«, die jedes Forschen einleiten und begleiten muß. Das Wesentliche liegt indes nur in ihren Annahmen, von denen Lauf und Deutung aller Forschung oder Rechnung abhängt, ebenso wie die Forschungsmittel und die Rechnungsgrundlagen. Diese Annahmen entscheiden, ob eine Theorie Fortschritt oder Hemmung bringt.

»Theorien befördern den Fortschritt des menschlichen Geistes, den sie sogleich wieder hemmen, und werden schädlich.«

Selbst jede erkannte Tatsache, jedes Urteil und alles Anwenden des Wissens ruht auf Theorien, abhängig von den Annahmen der erklärenden Person. Gleiche Sachen werden daher verschieden beurteilt, weil jeder seinen eigenen Voraussetzungen, seiner Theorie folgt.

Der Begriff wird jedoch willkürlich gebraucht: »theoretisch« und »wissenschaftlich« gelten als gleichsinnig; sogar Grundlehren wie Mathematik, Geometrie, die von keinerlei Annahmen abhängen und andern Wissenschaften als Werkzeuge dienen, werden als Theorie angesprochen, während doch das Werkzeug, wie auch die Sprache, sachrichtig oder wirklichkeitswidrig angewendet werden kann, je nach der Sachkunde und den Annahmen des Anwendenden. Das Werkzeug ist nicht verantwortlich, nur der Ideenträger, der die Annahmen aufstellt. Sind die Annahmen falsch, dann ist die Theorie irreführend, hemmend, hohl, und das Ergebnis ist leerer Schein, sachwidriges Rechnen und Deuten.

»Theorien sind gewöhnlich Übereilungen eines ungeduldigen Verstandes, der die Phänomene gern los sein möchte und an ihrer Stelle deswegen Bilder, Begriffe, ja oft nur Worte einschiebt.«

Als Theorie wird sogar jedes sich wissenschaftlich gebärdende Gerede oder Gerechne ausgegeben. Eine Sache »theoretisch« erfassen bedeutet dann Willkür, bedeutet meist, daß man Wesentliches »vernachlässigt«, unterschlagen hat. Daraus erwächst das viele Schulelend und der Verlust an Lebensjahren für das Umlernen in der Welt!

»Theoretiker wenden um so mehr Kunst an, je weniger Tatsachen vorliegen; um ihre Herrschaft zu zeigen, wählen sie ihre Günstlinge heraus, die ihnen schmeicheln, und die übrigen ordnen sie so, daß sie nicht geradezu widersprechen, und die feindlichen werden so umsponnen und beiseite gebracht, daß das Ganze nicht mehr einer frei wirkenden Republik, sondern einem despotischen Hofe ähnlich wird.«

»Wenn falsche Hypothesen zu einer Art Glaubensbekenntnis werden, woran niemand zweifeln darf, dies ist eigentlich das Unheil, woran Jahrhunderte leiden.«

Die einseitigen Theoretiker bauen ihre Theorien auf sachfalschen Annahmen auf, sie züchten dadurch das gefährlichste Bruchwissen, denn sie verschweigen oder unterdrücken die bessere, die entscheidende Seite der Wissenschaft, die Seite, die die Wirklichkeit kennzeichnet. Das nennt man »idealisieren«, ein echtes Lug- und Trugwort!

»Nur die Halbnarren und Halbwisser, das sind die gefährlichsten.«

Das Halbwissen, das Täuschen über die Bedingungen der Wirklichkeit durch hergerichtete, »idealisierte« Schulannahmen wirkt besonders verderblich dadurch, daß einseitige Theoretiker ihre Schüler zu Übungen zwingen. Wenn hierbei nur Rechnungsverfahren eingeübt werden, dann kann ja mathematische Übung erreicht, aber die Frage gestellt werden, warum denn der Mathematiker das Rechnen nicht selbst ausreichend einübt. Werden aber Sachbeispiele geübt, dann ist das meist sachlich voraussetzungsfalsche Rechnerei, die nur den halbwissenden Lehrern und den noch unwissenden Anfängern gefällt, weil alles so schön ausgeht, wie es hergerichtet war. Bloßer Schein, trügender und verblendender Lehrweg!

»Sie ehren noch den Schwung, erfreuen sich am Schein:
Ein Werdender wird immer dankbar sein.«

Wird dann gar das »Technische« der Beispiele betont, dann wird das angeblich Grundlegende in täuschenden Bilderbogen gezeigt, durch die die Anfänger die Schwierigkeiten der Wirklichkeit nie kennenlernen können, durch die sie jedoch gründlich, oft zeitlebens irregeführt werden.

»In bunten Bildern wenig Klarheit,
Viel Irrtum und ein Fünkchen Wahrheit,
So wird der beste Trank gebraut.«

Zum Entstellen der Grundbegriffe, zum Verblinden und Täuschen dient auch die »Systematik«, wenn sie in der Lehre Selbstzweck wird, statt ordnendes Hilfsverfahren zu bleiben, wenn sie der selbstgemachten Ordnung halber die Sache entstellt oder Wesentliches wegläßt.

»Methode ohne Gehalt führt zum leeren Klügeln, Form ohne Stoff zu einem hohlen Wähnen.«

Theoretiker, die den Fortschritt fördern, sind daher nur die Träger sachrichtiger Ideen, nur diejenigen, die richtige, zusammenhangerklärende Annahmen aufstellen, nach eigenen Erfahrungen, durch Zusammenfassen der Vorarbeit anderer oder durch Vorausschauen neuer Zusammenhänge. Nur diejenigen sind wahre Theoretiker, die hierfür richtige Sachgründe bringen und in den Annahmen deutlich erkennbar machen.

Theoretiker sind hingegen keineswegs diejenigen, die viel rechnen, grübeln und unabhängig von den Sachannahmen deuten, die ihre Voraussetzungen willkürlich aufstellen, meist nur rechnungsbequem, wobei dann die Theorien danach geraten, in der Luft hängen, im blauen Dunst.

Theoretikaster müßten diese Schädlinge genannt werden, die ihre wirklichkeitswidrigen Annahmen meist hinter allerlei Gerechne verstecken, die um die vielseitige Sache einseitig herumreden und herumrechnen, dabei die benutzten Hilfsmittel überschätzen und für die Sache halten. Die Zunft behelligt diese Fälscher nicht, wenn sie sich formgerecht geben. Wenn man da einmal anfinge, wo dann enden?

Die Theoretikaster passen aber trefflich zum gewollten schulmäßigen Trennen, das doch bis in die obersten Stufen durchgeführt werden muß. Die mühselig Schaffenden, die sich mit allen Bedingungen der Wirklichkeit abplagen müssen, die erniedrigt man als die »Unwissenschaftlichen«, und als der »Höhere« gilt derjenige, der aus den vielen Bedingungen bequem und noch dazu »vornehm« nur die rechnungsmäßig passenden auswählt.

Hier genügt es, dem üblichen Überschätzen der einseitigen »Theorie« gegenüber ihre schädigenden Folgen zu zeigen, insbesondere die Unduldsamkeit, die Überhebung der Schaffensunfähigen.

> *»Übertreibung und Dünkel sind gefährliche Dämonen, die den Fähigsten unzulänglich machen, alle Wirkung zum Stocken bringen, freie Fortschritte hemmen.«*
>
> *»Allgemeine Begriffe und großer Dünkel sind immer auf dem Wege, entsetzliches Unglück anzurichten.«*

Unduldsamkeit und Dünkel sind unvermeidliche Folgen des gewollten schulmäßigen Trennens von Theorie und Erfahrung, der Theorie, die alles Schwierige abschiebt und für das schulmäßig Hergerichtete, Bequeme einen Lehrsatz bereit hat oder gar nur allgemeine Begriffe, verdeutete Wörter.

Duldsam wird nur, wer alle wesentlichen Schwierigkeiten kennt, wer durch die Wirklichkeit ständig und unmittelbar nachgeprüft wird, wer selbst Fehler begeht und an ihren Folgen leidet und lernt, wer die engen Grenzen sicheren Wissens und eigenen Könnens kennt, die die Einseitigen nie bekümmern, da sie doch zeitlebens nur in ihrer zugerichteten Welt amten und grübeln, die Wirklichkeitsfernen, die ihre Lehrmeinungen stets bereit haben, sofort greifbar und für jeden Schulfall passend, die das »Wahre« zu kennen glauben, ohne von irgendwelches Zweifels Blässe angekränkelt zu sein, die aber nichts von sachernsten, nicht herrichtbaren Gebieten wissen.

*»In meinem Revier sind Gelehrte gewesen;
Außer ihrem eigenen Brevier konnten sie keines lesen.«*

Das Unduldsame kommt zwangläufig, weil die Einseitigen, wie die Pennäler, nur »logisch« und »mathematisch« denken lernen. Ob aber das Gedachte oder Gerechnete auch sachrichtig sei, danach wurde nie gefragt, und selbst hatten sie sich diese fatale Frage nie zu stellen, da sie doch nichts geschaffen haben, was die Wirklichkeit unfehlbar richten könnte. So sehen sie denn von jeder anderen Denkrichtung das Gewohnte der bequemen Schulwelt bedroht.

Die Erfahrenen kümmern sich leider nicht um Schulfragen, sie tragen daher mit Schuld an der Machtherrschaft der Einseitigen und Unduldsamen, der anmaßenden Vielwisser.

Die Überhebung der Einseitigen blüht nur dank der Tatenlosigkeit der Erfahrenen. So setzen sie sich auf selbsterrichtete Richterstühle und urteilen von oben herab; sie sehen nicht die Balken in den eigenen Augen, halten aber die Hand voll Splitter, die angeblich den Augen der Verdammten entstammen.

Die Einseitigen finden sich schnell zusammen, wenn jemand ihre hergerichtete Welt zu stören scheint. Untereinander sind sie ja nie einig, aber mit den geistesträgen Mitläufern bildet sich leicht eine »Majorität«, besonders im Verdammen Andersmeinender.

»Nichts ist widerwärtiger als die Majorität: denn sie besteht aus wenigen kräftigen Vorgängern, aus Schelmen, die sich akkommodieren, aus Schwachen, die sich assimilieren, und der Masse, die nachtrollt, ohne nur im mindesten zu wissen, was sie will.«

Der Klüngel ist die übelste Form solches Verbandes, für dessen nur persönliches Wollen die gekränkte »Wissenschaft« den Deckmantel bilden muß.

Im Vernichten des dem Klüngel nicht Passenden haben sich Verfahren ausgebildet, die immer in gleicher Weise angewendet werden, wie in bekanntgewordenen Fällen auferbaulich nachzulesen. Die Methode wird nach Seelenart der Treiber, nach Einzelzwecken und nach Art der Mitläufer abgetönt, läuft aber im wesentlichen immer darauf hinaus: eine »Majorität« zu schaffen, wenig oder gar nichts zur Sache zu sagen, jedoch möglichst viel Mitläufer heranzuziehen, denn auf die Zahl kommt es an, nicht auf Sachkunde oder Erfahrung.

Wenn die Klüngelgenossen nur einmal mittun, dann ist alles gewonnen, ist ein Dauerverband geschaffen. Denn nachträglich wird keiner sagen, er habe a) die Sache nicht gekannt, b) sich geirrt oder c) er sei nur den Neid- und Leithammeln nachgelaufen.

Nur ein wissenschaftlicher Vorwand muß vorhanden sein, dann ist totsicher darauf zu rechnen, daß die Klüngler lieber ihren Verstand verleugnen, als dem Rechthaben zu entsagen.

»Wir gestehen lieber unsere moralischen Irrtümer, Fehler und Gebrechen als unsre wissenschaftlichen.«

Die Heilung soll nicht hier, sondern später besprochen werden, im Zusammenhange mit wichtigen Fragen der Schulerneuerung und der Volkserziehung.

Hier sei nur gesagt, daß die Drehkranken schwerlich genesen werden, wenn nicht der Urgrund der Krankheit beseitigt wird, das Verdeuten der Grundbegriffe, die Einseitigkeit und die Inzucht, das Trennen und Überheben der Teillehre durch die Erfahrungslosen, wenn nicht für wirksame Heilstätten gesorgt und mehrjährige schaffende verantwortliche Arbeit in der harten wirklichen Welt als Heilmittel gebraucht wird.

Schaffende Arbeit würde alle böse Sucht vertreiben: die Papstsucht sofort, die Drehsucht erst nach langen Jahren bittrer Erfahrung, auf die eigene Haut geschrieben, die Bekehrungs- und Belehrungssucht hingegen wahrscheinlich erst in späteren Geschlechtern.

Heilhindernd ist auch der herrschende Zustand, daß der Ruhm weniger großen Führer und die Bedeutung jedes großen Fortschritts auch alle Kleinen deckt. Der Ruhm der Großen wird Schutzschirm der Kranken und Unfruchtbaren, sie gelten als gleicher Art, obwohl die Natur die Großen anscheinend nur in Umlaufzeiten von Jahrhunderten hervorbringt. Auch der Kleinste, der im engsten Winkel grübelt, kann anspruchsvoll behaupten, man könne nie wissen, wie wichtig seine Arbeit noch werden könne.

Im schaffenden Leben geht es umgekehrt zu. Kein Kleiner kann vom Ansehen der Erfolgreichen zehren, diese erdrücken ihn vielmehr, veranlassen üble Vergleiche, und niemand erhält Vorschußlorbeeren, weil seine Meinung vielleicht einmal Wert erlangen könnte. Nur Erfolg gilt als Befähigungsnachweis.

Lehrer und Gelehrte gelten als Einheit. Alles Ansehen der Sache fällt auf alle Personen. Das Törichte, das in diesem großen Kreise doch stets nur von wenigen begangen wird, das schadet allerdings auch dem ganzen Stande und hat ihn längst dem Spotte ausgeliefert; die wenigen sind schuld, daß Professor und Weltfremdheit als gleichsinnig gelten.

Die Geistesträgheit ist besonders hindernd und genügt allein, den Widerstand der Einseitigen gegen das Neue und gegen Neuerer, gegen alles Unbequeme zu erklären. In der Schulwelt kennt man das Neue oft gar nicht, man wittert nur, das Bequeme könnte versagen, man müßte gar umlernen.

Die Geistesträgheit wirkt wie eine Naturkraft, allgegenwärtig und dauernd. Dazu kommt, daß geistige Arbeit schlecht bezahlt wird, was die laut verleugnete, aber im stillen stets gehegte Sorge nährt, das Neue könne mit dem bequemen Wirkungskreise gar das schmale Einkommen treffen.

II. Aus der Welt der Grundlehre.

Ein einziges Sachbeispiel kann deutlich zeigen, wie kranker Geist wirkt, wie er darauf ausgeht, zu trennen, was untrennbar zusammengehört.

Das Beispiel zeigt nicht nur die Verirrung eines einzelnen, sondern auch die der vielen, die ihm zustimmten und damit ihre Auffassung öffentlich bekundeten, was leider nur selten geschieht, obwohl ganz gleiche Wirkungen im stillen jahraus jahrein von zahlreichen Lehrkanzeln ausgehen.

Dieses Beispiel bietet ein Vortrag über eine Grundlehre, die Mechanik, veröffentlicht in den Monatsblättern des Berliner Vereins deutscher Ingenieure vom 30. Juni 1919.

Ein Bekenntnisvortrag! Der bestimmte Sach- und Lehrauffassung feierlich betont und vor vielen hundert lebhaft zustimmenden Ingenieuren gehalten wurde. In diesen Kreisen gilt der Vortragende als Autorität.

Der allgemeine Teil des Vortrages ist im folgenden absatzweise in kleiner Schrift gedruckt, wörtlich und in ungeänderter Folge, und meine Auffassung ist den einzelnen Absätzen angeschlossen.

Durch diese Gegenüberstellung kommt viel klarer zum Ausdruck, um was es sich handelt, als durch allgemeine Erörterungen.

Schultechnische Einzelheiten des Vortrages sind nur kurz erwähnt, einige Überschriften sind der Übersicht wegen zugefügt und einige Stellen hervorgehoben.

Theorie und Wirklichkeit.

»Im Zeitalter der Dampfturbinen, der Flugtechnik, der U-Boote mit ihren raschlaufenden Dieselmotoren und der weittragenden Geschütze ist es in einem Kreise von Fachgenossen nicht erforderlich, auf die besondere Wichtigkeit der Mechanik für den Fachunterricht der Maschineningenieure erst hinzuweisen.«

Alle erfahrenen Fachleute wissen, daß eine allgemeine Mechaniklehre nicht ausreicht, Wesen und Werden der großen technischen Leistungen auch nur verständlich zu machen, geschweige denn zur Mitarbeit an ihnen zu befähigen. Denn jeder Fortschritt ist die Frucht des Zusammenarbeitens reifer, wirklichkeitsrichtiger Erfahrung und vielseitiger Einsicht und ist immer das Werk der Gemeinarbeit vieler.

Zwischen der Kenntnis der mechanischen Grundsätze und den großen technischen Leistungen liegen oft Jahrhunderte, ja oft war Erfolg nur möglich durch bewußtes Verstoßen gegen die Grundlehre, wie u. a. die Entstehungsgeschichte der Dieselmaschine auffällig bestätigt.

»Seit einer Reihe von Jahren wird von seiten der Industrie und von hervorragenden Ingenieuren der Praxis eine möglichst gründliche Ausbildung der Hochschulstudierenden in Mechanik nachdrücklichst gefordert.«

Nur Einseitige überschätzen die Mechanik und haben sogar die Meinung ausgesprochen, die Technischen Hochschulen sollten nur Physik und Mechanik lehren, die Fachlehre werde die Industrie dann selber besorgen! So wären denn die Physiker unsere künftigen Ingenieure! Einsichtige verlangen indes mit Recht vom Anfänger wesentlich mehr; sie verlangen die Fähigkeit, die Grundlagen auch richtig anzuwenden, was jetzt weder die Physik noch die Mechanik lehrt.

»Erfreulicherweise bringen auch die mit gereifter Lebensanschauung aus dem Felde zurückgekehrten Studierenden die Erkenntnis zurück, wie wichtig die Mechanik als die Lehre von der Bewegung und Formänderung der Körper unter der Wirkung von Kräften für ihr Studium ist, denn im Felde war in technischen Dingen derjenige überlegen, der imstande war, die vielen Bewegungs- und Formänderungserscheinungen, die oft überraschende Wirkung von Kräften an Geschützen, Flugzeugen, an Pionierbauten, an Unterseebooten usw. physikalisch zu deuten und in ihrem kausalen Zusammenhang zu erfassen.«

Manche erfahrene, aus dem Felde zurückgekehrte Studierende haben erlebt, daß das Wissen über Mechanik wenig bedeutet, denn im Felde, wie überall im Schaffen, zeigte sich in technischen Dingen stets der überlegen, der nicht nur die herrschenden Kraftwirkungen theoretisch zu deuten wußte, sondern der seine wirklichkeitsrichtige Einsicht auch sachrichtig anzuwenden verstand.

»Mechanik ist nach Leonardo da Vinci das Paradies der mathematischen Wissenschaften. In ihr lernt der Studierende die Mathematik für das Verständnis der Natur anwenden; er erfährt also, wozu er Mathematik treibt, und der Umfang der auf der Hochschule zu lehrenden Mathematik richtet sich im wesentlichen nach den Bedürfnissen der Mechanik.«

Das »Paradies der mathematischen Wissenschaften«, die Mechanik, hat Leonardo da Vinci als Rechnender wenig betreten, wohl aber als Gestaltender. Dieses Paradies könnte offenbar bestens gepflegt werden, wenn die Mathematiker selbst Mechanik lehrten und in der vereinigten Lehre auch die Erfahrung voll würdigten. Eine große Kluft könnte dann überbrückt und sehr viel Zeit gewonnen werden. Sind doch Teile der Mathematik aus den Bedürfnissen der Mechanik hervorgegangen.

»Die wissenschaftliche Methode der Mechanik, ihre Art, die Probleme anzufassen und zu lösen, ist die Methode der technischen Wissenschaften überhaupt. Durch das gründliche Studium der Mechanik ist auch aus diesem Grunde für das Verständnis dieser Wissenschaften sehr viel gewonnen.«

Die mathematisch betriebene Schulmechanik kann vielseitige Aufgaben mit ihren »abstrahierenden« Lehrsätzen nie lösen. Sie ist nie die Methode der technischen Wissenschaften, weil die Schulmechanik aus den gegebenen Bedingungen nur die ihr rechnungsmäßig passenden auswählt, schulmäßig und wirklichkeitswidrig.

Die wissenschaftliche Technik hingegen muß alle Bedingungen sachrichtig erfassen und beachten, selbst die einander widersprechenden, denn sie muß verantwortlich richtig rechnen und gestalten, nicht bloß schulmäßig.

Durch die Schulmechanik ist daher für die technischen Wissenschaften wenig gewonnen, vielmehr werden die Anfänger durch das erfahrungslose »Abstrahieren« der Mechaniklehre mißleitet und müssen erst mühevoll umlernen, wenn von ihnen verlangt wird, daß sie technisch richtig, das ist wirklichkeitsrichtig, denken und rechnen.

Die abstrahierende wirklichkeitsferne Lehre schafft vielmehr sinnwidrige Gegensätze, die nicht im Wesen der Sache, in richtiger Naturerkenntnis liegen; sie schafft wirklichkeitsfalsche Voraussetzungen, die entweder als solche gar nicht gekennzeichnet werden oder doch den Anfängern nicht zum Bewußtsein kommen.

»Mathematik ist ja bekanntlich ein vorzügliches Bildungsmittel zur formalen Schulung des Verstandes für streng logisches Denken. Mechanik steht ihr hierin nicht nach, hat aber darüber hinaus hohen Bildungswert als Naturwissenschaft.«

Mathematik ist im Gegensatz zur Mechanik frei von Meinungen, von Annahmen, selbst von Erfahrungen. Mathematik ist nur Logik und Werkzeug für andere Wissenschaften.

Wenn die Mechaniklehre ihr nur im Rechnen nacheifern will, dann verkennt sie ihr eigenes Wesen, da sie ganz von Erfahrung abhängt; dann pflegt sie nur das dienende Werkzeug, nämlich die Rechnung, statt auf die Sache, das volle Erkennen und richtige Würdigen aller gegebenen Bedingungen der Wirklichkeit hinzustreben.

> »Sie vermag den Ablauf gewisser Vorgänge in der Natur auf Grund von wissenschaftlich festgestellten, zahlenmäßig gefaßten *Erfahrungstatsachen* mit Hilfe des *Kausalitätsgesetzes* nicht bloß zu erklären, sondern wenigstens in einfacheren Fällen mit mehr oder weniger großer Annäherung sogar vorauszuberechnen.«

Mit *dem* Kausalitätsgesetz können keine Erfahrungstatsachen erklärt noch vorausberechnet werden, denn alles Geschehen in der Technik wie im Leben ist *vielen* gleichzeitig gebietenden Ursachgesetzen unterworfen. Diese Vielheit ist zu erfassen und sachrichtig auszudrücken, wenn möglich auch in mathematischer Sprache.

> »Verwickeltere Vorgänge, auch im *geistigen* und *sozialen* Leben der Menschheit, die sich freilich nicht in Formeln fassen und berechnen lassen, folgen aber auch *dem* Kausalitätsgesetz. Wer an den einfachen Beispielen der Mechanik in einer zahlenmäßigen Darstellung gesehen hat, wie sich in der Verknüpfung von Ursache und Wirkung natürliches Geschehen abspielt, der bekommt *Gefühl* und *Verständnis* für das Gesetzmäßige auch in diesen verwickelten Erscheinungen, dem wird die Achtung vor *Tatsachen* eingepflanzt, er bekommt Wirklichkeitssinn, wird zur Selbstzucht im Denken und Folgern erzogen.«

Der Wirklichkeitssinn wird *verbildet*, schließlich *verblindet*, wenn die Mechanik nur einzelne »abstrahierte«, d. i. *hergerichtete* Beziehungen durch einige Lehrsätze ausdrücken will, die aus verallgemeinerten Annahmen entstanden sind, aus wirklichkeitswidrigen Vernachlässigungen, die stets nur so *gewählt* werden, daß sie zur gewollten »exakten« Rechnung *passen*.

Die Studierenden lernen dadurch das Gegenteil von Tatsachenachtung, sie lernen nicht Wirklichkeitssinn und Selbstzucht, sondern den *Schulglauben* an die hergerichtete *Schulwelt* und an *Formeln*, ohne deren gekünstelte Herkunft zu würdigen.

Sie werden ja der schwierigen Wirklichkeit nie nahe gebracht, vielmehr an ihr planmäßig vorbeigeführt, sie werden über die Wirklichkeit getäuscht und halten schließlich einige Lehrsätze und Schulregeln für die wirkliche Schaffenswelt.

Es wird ja doch nie klar und eindringlich gesagt, daß alle Theorie und die meisten Lehrsätze von willkürlichen Annahmen abhängen, daß die Lehrsätze stets nur bedingt gelten und nie allgemein.

Sie werden zum voraussetzungsfalschen Rechnen erzogen, zur Nichtbeachtung der vielen Abhängigkeiten, die in Rechnung und Formeln enthalten sind, und zum blinden Glauben an das Errechnete, als ob es das sachlich Richtige sei.

> »Leere Spekulationen auf Grund inhaltloser Begriffe, öde Schaumschlägerei lernt er verachten. Die Liebe zur Wahrheit wächst in ihm. Die Erkenntnis, wie wir nur in einfachsten Bildern und annäherungsweise das Verhalten der Natur wiedergeben können, erzieht zur Bescheidenheit.«

Die hergerichtete Lehre verleitet geradezu zu leeren Spekulationen mit wirklichkeitsfalschen Begriffen und Formeln; die Schüler verfallen dem überheblichen Besserwissen, weil sie das Schwierige ja nicht kennen lernen, sie ergehen sich in ödem Gerede und gelehrt aussehendem Gerechne, sie werden glaubensstark in der Formelwelt und urteilsbar in der verantwortlichen Schaffenswelt.

Wenn diese Mechaniklehre zur Bescheidenheit erzöge, müßte es wohl auch an ihren Verkündern bemerkbar werden.

> »Wenn es aber der Mechanik gelingt, so viele scheinbar ganz verschiedenartige Erscheinungen als dem gleichen Gesetz unterworfen, als durch dieselben mathematischen Bedingungen ausdrückbar darzustellen, wenn die Mechanik in der Welt der Bewegungen und Formänderungen, um mit Schiller zu reden, ‚das vertraute Gesetz in des Zufalls grausenden Wundern, den ruhenden Pol in der Erscheinungen Flucht' sucht und wirklich auch findet, so vermittelt sie dabei ihren Schülern einen freien Horizont, einen weiten Blick, der, durch das Zufällige in den Einzelerscheinungen nicht getrübt, die allgemeinen Richtlinien, die gemeinsamen Gesichtspunkte in ihnen zu erkennen vermag.«

Die Theorie kann nur versuchen, einzelne wesentliche Bedingungen als einzelnen Gesetzen unterworfen darzustellen, was nie ohne einengende Voraussetzungen gelingt, und sie kann einige vielleicht auch in mathematischer Form ausdrücken.

»Mathematische Bedingungen« gibt es nicht, sondern nur Natur- und Sachbedingungen. Alle Wissenschaft strebt nach allgemeinem Erfassen als festem Pol. Es sind jedoch viele Bedingungen zu erfüllen, daher die »allgemeinen Gesetze« nicht einzeln gelten. Das macht das verantwortliche Schaffen so schwierig, und das erfährt die Jugend in der hergerichteten Schullehre nicht!

Wirklichkeitswidrige Lehre weist einen täuschenden Horizont, verengt den Blick auf das schulmäßig Hergerichtete.

Sie mißleitet zu einer durch Sachkenntnis und Erfahrung nicht getrübten Einbildung, die der vielen gegebenen Bedingungen nicht achtet; sie verleitet dazu, in der schaffenden Welt gerade Entscheidendes für bloß Zufälliges zu halten, vom Schwierigen aber zu »abstrahieren«.

»Und das sind Eigenschaften, deren die Führer in Industrie, Technik und Volkswirtschaft in hohem Maße bedürfen.«

Durch sachblinde Schulung werden die »künftigen Führer« doppelt unbrauchbar gemacht: durch ihre wirklichkeitswidrige Auffassung und die Überhebung in ihrer selbstgemachten Welt. Dadurch werden sie unfähig zur notwendigen Gemeinarbeit, die alle großen Aufgaben fordern.

»Es gewährt einen hohen, man kann sagen ästhetischen Genuß, wenn sich das scheinbar Verwickelte einfach gestaltet, wenn sich das scheinbar Verworrene in Gesetzmäßigkeiten auflöst.«

Jede wahre Wissenschaft, jedes Vertiefen kann einen hohen, kunstverwandten Genuß gewähren, insbesondere das schaffende Anwenden erfahrener Einsicht, die selbst verwickelte Aufgaben durchdringt und Neues verantwortlich verlebendigt.

»Wer die Mechanik recht versteht, gewinnt sie daher lieb, beschäftigt sich mit ihr nicht bloß vom Nützlichkeitsstandpunkt aus, sondern als mit einer Führerin und Fackelträgerin in geistiger Erkenntnis. So wird der ganze Mensch geadelt, bekommt ideales Streben und wird davor bewahrt, in der reinen Jagd nach dem Gelde seine Befriedigung zu finden.«

Jeder gewinnt jede wahre Wissenschaft lieb, die er wirklichkeitsgerecht und vertieft erfaßt, die keine falsche Welt vortäuscht und nicht zum enttäuschenden Umlernen fürs Leben zwingt, jede Wissenschaft, die ihn unmittelbar in die große Schaffenswelt einführt ohne viele hohe, hohle Worte.

Das »Ideale«, das »um seiner selbst willen« Betriebene, das »Adelnde« wird von allen Einseitigen angerufen, aber dahinter verbirgt sich nur die Scheu vor der ihnen unbekannten Wirklichkeit.

Über »reine Jagd nach dem Gelde« wird sich erst dann sprechen lassen, wenn die Idealen selbst aufhören, beim großen Brotherrn Staat oder sonstwo Erwerb und Versorgung zu suchen. Die Jagd nach dem Gelde wird durch keine bestimmte Wissenschaftsart gehoben oder gehindert. Bisher haben Wissenschaftsvertreter aller Art den

Weg zum Gelde gefunden, Glaubenskünder, Rechtskundige, Heilkünstler, Staats- und Wissenschaftsmänner und Theoretiker der verschiedensten Gebiete.

»Es muß das dringende Streben eines jeden Mechanikunterrichtes auch an der Technischen Hochschule sein, diesen Bildungswert der Mechanik für den ganzen Menschen herauszuarbeiten, worauf ich schon vor 10 Jahren in einem Vortrage hingewiesen habe.«

»Das kann freilich nicht geschehen, wenn der Mechanikunterricht auf öden Formel- oder Gedächtniskram hinarbeitet, wenn er lediglich einfache und billige Rezepte zur Berechnung der üblichen Ingenieuraufgaben übermitteln will.«

Jede Lehre muß ohne hohe Reden ihren höheren menschlichen Bildungswert auswirken lassen. Das kann freilich nicht geschehen, wenn sie auf einseitig hergerichtetes Wissen hinarbeitet, auf Kenntnis von Formeln und Lehrsätzen. Billige Rezeptenlehre, auf welche die sich überhebende einseitige Theorie gern hinweist, um sich einen wirksamen Hintergrund zu schaffen, gibt es schon seit Menschengedenken nicht mehr.

»Vielmehr muß der Unterricht dahin zielen, den Studierenden mit den in der Mechanik behandelten Naturerscheinungen so vertraut zu machen, daß ihm das Verständnis dafür in Fleisch und Blut übergeht, sein Denken und Fühlen den Naturgesetzen immer mehr anzupassen, ihm die Erkenntnisquellen, die uns zu Gebote stehen, und die Bedingtheit unserer Erkenntnis recht klar zu machen.«

Die Grundlehre versagt ganz und kostet den Studierenden wertvolle Lebensjahre, wenn sie nicht von der wahren Erkenntnisquelle ausgeht, von der Wirklichkeit, von den Erfahrungen der Betriebe und von wirklichkeitsrichtigen Versuchen, wenn sie nicht ständig betont, daß die »allgemein« genannte, in Wirklichkeit jedoch nur vereinfachte Einsicht nur bedingungsweise richtig und brauchbar ist.

Diese Bedingtheit wird meist verschwiegen, damit die Lehre streng und »wissenschaftlich« aussehe. Dadurch werden sinnlose Widersprüche geschaffen und erhalten, die Widersprüche zwischen Theorie und Schaffen, zwischen (Schul-)Lehre und Leben.

»Darum kann der grundlegende Mechanikunterricht nicht in den Fachwissenschaften betrieben werden, wo er notwendigerweise zersplittert und einseitig wäre. Vielmehr kann nur ein auf Naturbeobachtung und ihrer Verwertung aufgebautes selbständiges Eindringen in die Gesetze der Mechanik ihren Bildungswert voll zur Geltung bringen.«

Wenn diese Grundlehre, die willkürlich abtrennt und abändert, was ihr nicht paßt, die in die Vielheit der Bedingungen nicht eindringen kann, weil ihren Vertretern die Erfahrung fehlt und sachrichtiges Anwenden fremd ist, wenn diese Grundlehre von der Fachlehre getrennt wird, dann wird sie auch im Fachbereich nur verwirren und einseitig wirken.

Grundlehre wie Fachlehre sind doch beides Erfahrungswissenschaften, die sollten also nicht von der Erfahrung losgelöst gelehrt werden von Lehrern, denen jeder Lebens- und Nährboden fehlt, die das Schwierige meiden und erniedrigen, die verblinden statt vorzubilden, die Formeln und Regeln lehren, ohne zu sachrichtiger Anwendung zu erziehen. Hier fordert der Vortragende im Bereiche der Fachlehre eine verkehrte Welt!

Einbildung und Irreführung.

> »Die Schwierigkeiten des Mechanikunterrichtes sind groß, denn es ist nicht jedes Studierenden Sache, so scharf zu denken, wie dies in der Mechanik unbedingt erforderlich ist.«

Die Schwierigkeiten sind unüberwindlich, wenn die Lehre nur »logisches« und lehrsatzmäßiges Denken anstrebt, ohne zu fragen ob es auch sachrichtig sei. Nicht jeder Lehrer vermag so scharf und erfahren zu denken, daß er die schwierige Wirklichkeit erfaßt.

> »Die einfachen Bilder, in denen die Mechanik das Wesentliche des zu berechnenden Vorganges der vielgestalteten Wirklichkeit zu fassen sucht, fordern häufig ein Abstraktionsvermögen, das den Studierenden fehlt.«

Abstraktionsvermögen fehlt selten, die Vorbildung übt es genügend, aber Vorstellungsvermögen fehlt ganz, die Vorbildung läßt es verkümmern und macht die meisten unfähig, in die einfachen Bilder, in die jede Wissenschaft das Wesentliche zusammenzufassen sucht, auch das vielgestaltige Wirkliche einzubeziehen.

> »Bei der oftmals sehr mangelhaften mathematischen Ausbildung stolpern sie über die mathematische Einkleidung und vergessen über den ihnen fremden Formeln, daß durch diese wichtige Bewegungs- und Formänderungsvorgänge beschrieben werden.«

Die mathematische Ausbildung hindert selten, wohl aber das begriffsarme, anschauungslose Deuten der mathematischen Einkleidung. Das formelmäßige Lehren erzieht zum voreiligen Urteilen, zum Formelglauben. Die Studierenden stolpern weniger über mathematische

Einkleidung als über die Sachbedeutung des mathematisch Ausgedrückten, sie sehen wesenlose Formeln statt Sachbeziehungen in den Symbolen, in der Kurzschrift der Mathematik.

»Es ist erstaunlich, wie groß in allen Menschen der mechanische Instinkt ist und wie wenig sich dieser Instinkt oft hervorwagt, wenn an der Tafel die mechanischen Betrachtungen in der abstrakten Form, in die sie eingekleidet werden müssen, vorgeführt werden.«

Es ist entsetzlich, wie sehr der allen gesunden Menschen gegebene »mechanische Instinkt« durch die herrschende wirklichkeitsblinde Lehre verkümmert wird, derart, daß er sich nicht mehr hervorwagt, wenn ihm selbstverständliche Zusammenhänge abstrakt trennend vorgetragen werden. Sinnenhaftes Erfassen ist jedem jungen Leben natureigen, die trennende Schulung aber tötet die Sinne.

»Z. B. klingt der Satz der Mechanik, daß man ein Kräftepaar in seiner Ebene oder in dazu parallelen Ebenen beliebig verschieben kann, vielen recht abstrakt und geheimnisvoll. Soll aber eine Transmissionswelle, die am vorderen oder hinteren Ende je eine Scheibe trägt, gedreht werden und läßt sich zufällig an der vorderen Scheibe schlecht angreifen, so wird auch der Unbegabteste ohne jede Überlegung zur hinteren Scheibe gehen und dort durch Angreifen mit beiden Händen ein »Kräftepaar« ausüben, und es ist ihm selbstverständlich, daß er an dieser Scheibe mit der gleichen Anstrengung die Welle dreht wie an der vorderen Scheibe.«

Der Satz der wandernden Kräftepaare klingt zwar abstrakt, aber gar nicht geheimnisvoll. Wenn die Hörer ihn nicht schulwillig annehmen, dann spricht dies für einen Rest gesunder Sinnenkraft, die die abstrahierende Lehre noch nicht ganz ausrotten konnte, und die sich auflehnt gegen diesen Lehrsatz, diesen falschen, irreführenden, der das Möglichste versucht, die Lernenden zu verdummen.

Die Kräfte sind doch nur das Gedachte, das Abstrakte, das Wesentliche sind doch ihre Wirkungen, also die Formänderungen. Darüber schweigt aber das elende Gesetz. Solche Grundlehre plagt die Jugend mit starren Körpern, mit formänderungslosen, die es gar nicht gibt, sie verwirrt, verbildet und verblindet, statt die wahren Zusammenhänge aufzuklären, die die Mechanik lehren sollte.

Den Studierenden zu sagen, es sei selbstverständlich, daß eine Welle von jeder Stelle aus angetrieben werden könne, weil die Kraft bedingungslos verschoben werde, ist grobe Äußerlichkeit und Irreführung, denn die Verdrehung der Welle, ihre Formänderung entscheidet, nicht das gedachte abstrahierte Kräftepaar der hergerichteten einfältigen Lehrsatzlehre, die dann an anderer Stelle den anderen Lehrsatz aufstellt, daß Kräfte und Formänderungen Funktionen seien! Hier wird der Zusammenhang sinnwidrig zerrissen und wirklichkeitsfalsch ausgedeutet. Der Satz gilt nicht auf dieser Welt, weil es hienieden keine starren Körper gibt. Die Wirklichkeit ist ganz anders:

Ein Lehrsatzgeschulter soll einen Laufkran fortrollen. Satzgemäß mag die Kraft irgendwo angreifen. Er wählt statt der Mitte das Kranende, die andere Seite bleibt wegen der Wellenverdrehung zurück, eckt und bleibt stecken.

Bei raschlaufenden Maschinen entscheidet die örtliche Kraftwirkung über Leben oder Verderb der Maschine. Meist gibt es nur eine, die richtige Lage des Kräftepaares. Lehrsatzgemäß wäre sie beliebig!

Und die Folgen können sein: unzulässige Schwingungen, Brüche, teure Nacharbeiten, Versagen der ganzen Maschine mit dem bekannten langen Schweif von Verlusten, Klagen, Rechts- und Ersatzkosten. Im einzelnen: teurer Baustoff, weil billige den einseitigen Kraftwirkungen nicht genügen, starke Reibung und Abnutzung, geringe Lebensdauer der einseitig berechneten Teile usw.

Alles das nur deshalb, weil der unerfahrene »reine« Lehrer mit seinen einseitigen Lehrsätzen den Anfänger trügt und ihn hindert, richtig zu sehen und zu denken, weil der falsche »Satz« wichtige andere Gebote unterschlägt.

> »Die Aufgabe des Mechanikunterrichtes ist es daher, an diesen mechanischen Instinkt anzuknüpfen und ihn dadurch weiterzubilden und zu veredeln, daß er mit wissenschaftlichem Bewußtsein gepaart wird. Das Zusammenarbeiten des mechanischen Instinktes mit dem wissenschaftlichen Bewußtsein ist es, was dem Ingenieur vor allem not tut.«

Aufgabe des Mechanikunterrichts wäre, wirklichkeitsrichtige Vorstellung auszubilden, statt den Schüler durch falsche Sätze irrezuführen. In der Ingenieurausbildung müssen dann Irrlehren erst mühsam ausgetrieben werden; das gelingt aber nicht immer, und viele Mißleitete bleiben sachblind ihr ganzes Leben.

Die Fachlehre muß wegen dieser Trübung der klaren Anschauung jahrelang mit ihren eigentlichen Aufgaben nachhinken und erreicht ihr Ziel nicht. Nur deshalb nicht, weil die Grundlehre von der Wirklichkeit und Anwendung getrennt wird, weil viele Lehrer diese gar nicht kennen, aber ihre einseitige Lehre »rein« und »exakt« nennen und den ahnungslosen Schülern einimpfen. Mühsames Umlernen fürs

Schaffen ist die Folge, schwere Enttäuschungen, Opfer an kostbaren Jahren und Versagen vieler.

Der Anschauung und ihrer Förderung durch Modelle war der weitere, der Hauptteil des Vortrags gewidmet.

Die vorgezeigten und in der Veröffentlichung abgebildeten Modelle bilden zunächst ein arges Armutszeugnis der Vorbildung. Denn es handelt sich um Modelle zur Veranschaulichung einfachster physikalischer Vorgänge, deren Kenntnis die Mechaniklehre als bekannt voraussetzen müßte, nach so vielen Jahren Schulphysik und nach der »Experimentalphysik« der Hochschule. Wenn diese Vorbildung fehlt, warum klagen die Mechaniker nicht die Physiker an? Warum fordern sie nicht das, was sie voraussetzen müssen, von der Vorbildung? Sie sind doch im Klagen gegenüber der Fachlehre nicht zimperlich. Aber freilich, dort, in der Vorbildung, sitzen ihresgleichen, Zunftgemäße!

Einige Modelle dienen nur der Raumanschauung, die doch ebenfalls mitgebracht werden müßte, nach noch mehr Jahren Geometrie an den höheren und hohen Schulen. Wenn die Mechanik an der Hochschule erst die Grundlagen der Physik und Geometrie lehren muß, dann bekundet dies einen elenden Schulertrag.

Kennzeichnend für die Mechaniklehre sind nur die Modelle, die den »mechanischen Instinkt« zu fördern meinen, jedoch nur die Fehler der Abstraktion verkörpern!

Die Theorie der Biegungsfestigkeit z. B. nimmt abstrahierend nur Einzelkräfte an an Stelle der auf den ganzen Querschnitt verteilten Gesamtkräfte, eine Krücke, um zu einfachen Formeln zu gelangen.

Das vorgezeigte und abgebildete Modell versinnlicht nur diese wirklichkeitswidrig gedachten Einzelkräfte durch Drähte, Stangen und Gewichte!

Einzelkräfte werden dem Anfänger gezeigt, die es nicht gibt, und die durchaus dynamische Aufgabe wird täuschend in eine statische verwandelt. Vom Entscheidenden, von den Formänderungen, vom Wirklichen und Wichtigen ist wieder keine Rede.

Das ist planmäßiges Irreführen. Denn vom Wirklichen wird nicht nur »abstrahiert«, es wird entstellt, indem das nur Gedachte sichtbar und greifbar vorgezeigt wird, so daß Wort und Bild und Form gemeinsam mißleiten. Und unterlassen wird, den Studierenden immer wieder eindringlich zu sagen:

Unsere — der Theoretiker — Rechnungen und Formeln, die wir »theoretisch« ableiten und »exakt« nennen und die viele unserer Lehrsätze stützen oder ausdrücken, ruhen, wie alles, was wir sagen, nur auf rohen Annahmen, auf wirklichkeitswidrigen Voraussetzungen und gelten nur für diese unsere fehlervollen Annahmen.

So im vorliegenden Falle, wo wir nur der einfachen Formeln wegen Einzelkräfte annehmen und dabei voraussetzen, daß sie an einzelnen Punkten des starren Körpers angreifen, während sie stets über den ganzen nachgiebigen Körper verteilt wirken.

Wir Theoretiker gehen solchen rohen, hergerichteten Weg, weil der Anfänger die wahren Zusammenhänge doch erst durch das fachliche Anwenden kennenlernt. Allerdings wird unsere Theorie, die alle Darstellungen vereinfacht, dadurch sachunrichtig.

Statt so zu erläutern, wird den gläubigen Anfängern gesagt, dieses abstrahierende Verfahren sei das »strenge«, »exakte«! Von falschen und fälschenden Annahmen wird gar nichts gesagt, diese werden vielmehr durch Stangen und Drähte veranschaulicht!

Kräfte, Bilder, Modelle und Formeln erstarren, die Formänderungen werden hier, an entscheidender Stelle, verschwiegen; das wird in einem anderen Kapitel abgehandelt, mit anderen irreführenden Annahmen und wieder wirklichkeitswidrig.

Andere Modelle zeigen ähnlichen Lehrmißbrauch, zeigen ein schulmäßiges Herrichten, das sachlich täuscht, indem dem Anfänger ein angeblich allgemeiner Fall vorgeführt wird, der nur ein hergerichteter verallgemeinerter ist.

So ein Wagenmodell auf gekrümmter Bahn, das das Pendeln und das Schleudern von Fahrzeugen veranschaulichen soll, in einer Weise, die angeblich durch die Fahrpraxis »voll bestätigt« wird.

Die Wirklichkeit zeigt jedoch ganz anderes als das hergerichtete Modell: Das Schleudern erfolgt durchaus nicht nur durch »gesperrte«, also gleitende statt rollende Räder, nicht durch diesen ungünstigsten Betriebsfall, den erfahrene Fahrer meiden werden.

Das gefährliche Schleudern erfolgt meist während des Rollens bei raschem Ablenken durch die seitlichen Fliehkräfte, die die Seitenreibung der Räder überwinden. Es tritt namentlich ein, wenn durch Bremsen die Triebachse entlastet und die Bodenreibung vermindert wird.

Das Modell täuscht daher, weil erfahrungslos Betriebsvorgänge auseinandergerissen werden, statt den ganzen Zusammenhang zu zeigen, und weil die Mittel nicht gewürdigt werden, mit denen der Gefahr entgegengewirkt wird. Diese Mittel vom Betriebsvorgang abzutrennen, ist durchaus sinnwidrig.

Die meisten, sonst guten Modelle, welche Schwingungswirkungen veranschaulichen, gehören durchaus an die Vorschule, weil sie nicht auf das Wesentliche und Schwierige eingehen: auf die Art der Massen, ihre Verteilung und ihren Zusammenhang, und nicht eingehen auf die Betriebsbedingungen, von denen alles entscheidend abhängt.

Solche einseitig hergerichteten Schwingungsmodelle belehren nicht richtig, ebensowenig wie die mathematischen Rechnungen, durch welche Unerfahrene aus eigenwilligen Annahmen über Formänderungen Schwingungen ermitteln wollen.

Die Schüler schwören auf solche Formeln und Rechnungen, bis der Betrieb und die Verantwortung sie hart eines besseren belehren.

Die im Hauptteil des Vortrags empfohlenen Anschauungsmodelle, die meist in die Physik der Vorschule gehören, versagen bei der geringsten Berührung mit der Wirklichkeit.

Diesem Hauptteil folgen lehrhafte Betrachtungen über die Wichtigkeit der Übungen in der Grundlehre.

Idealisieren und Täuschen.

In keiner Wissenschaft genügen Vorlesungen für das Verständnis der Lehre, Übungen müssen mitwirken, sie müssen jedoch der Sache dienen, der sachgemäßen Anwendung und nicht dem täuschenden Einüben von Formeln und Rechnungen unter sachunkundiger Leitung durch einseitige Theoretiker mit ihren wirklichkeitsfremden Annahmen.

Sachrichtig müssen die Beispiele sein, nicht aber »idealisierend«, täuschend, sonst wird durch Übungen erst recht verbildet und verblindet. Immer wieder müßte den Lernenden gesagt werden: Die Theorien, die Formeln und Schulbeispiele entsprechen nicht der Wirklichkeit!

»Textbücher« sind unwirksam ohne die unmittelbare mündliche Anregung, ohne die Wirkung der Persönlichkeit des Lehrers. Immerhin könnten gute Textbücher alle wirklichkeitsarme Lehrsatzlehre bestens ersetzen, und viel Zeit wäre gewonnen.

Jeder Theoretiker wäre von Amts wegen zu verpflichten, seine Textbücher zu schreiben und in ihnen alle Annahmen seiner Theorien sperrschriftig hervorzuheben!

Die Vorlesungen sollten dann an der Hand der Textbücher ganz kurz nur das Lebendige, aber anregend, wirklichkeitsrichtig bringen. Eine lange Reihe arger Schulübel würde dann absterben!

Übungen, wie sie Theoretiker abhalten, bleiben immer wirkungslos, besonders wenn die Aufgaben nur in den Zahlen verschieden sind; es wird gedankenlos nachgeschrieben im anerzogenen Glauben an das, was man schwarz auf weiß nach Hause tragen kann.

Übungen befruchten nur, wenn sie, von Erfahrenen geleitet, zum selbständigen, sachrichtigen Anwenden anleiten, am besten im verantwortlichen Zusammenarbeiten mehrerer, im engsten Anschluß an die Sach- und Fachlehre.

Alles andere ist nur Rechnungsdrill an unwirklichen, irreführenden Aufgaben, die auch nie innere Teilnahme finden, auf die es beim Lernen allein ankommt.

Beispiele aus dem Leben, aus den Schwierigkeiten des Schaffens und der Betriebe müßten die Übungen beleben. Solche können die unerfahrenen Theoretiker nicht bieten. —

Die wortreichen gedruckten Anleitungen zu Mechanikübungen, wie sie vom Vortragenden verlesen wurden, sprechen fast in jedem Satze gegen die herrschende einseitige Lehre, gegen die Erfahrungslosen.

Der Vortragende glaubt den Schüler zu kennzeichnen, er schildert jedoch den einseitigen Theoretiker sehr zutreffend, wenn er sagt:

> »Er befindet sich in der Lage des Kunstkritikers, der glaubt, alles zu verstehen und beurteilen zu können, was der Künstler geschaffen hat, und doch selbst ein Kunstwerk nicht schaffen kann.« (!)

Was der Vortragende über die Art der Aufgabenstellung sagt, ist besonders bezeichnend für die Verwechslung von Form und Sachinhalt:

> »Was die Stellung der Aufgaben betrifft, so wird der Maschineningenieur leicht geneigt sein, von den Mechanikaufgaben zu verlangen, daß sie eine möglichst weitgehende technische Einkleidung besitzen. Dieses Verlangen ist nicht immer berechtigt; denn die Aufgaben sollen doch vor allem dazu dienen, den Studierenden die für sie anfänglich recht schwierige Anwendung der Gesetze der Mechanik auf bestimmte Beispiele geläufig zu machen, sie zu lehren, den mathematischen Ansatz zu finden und von diesem Ansatz aus mit Gewandtheit die Rechenoperation bis zur völligen Lösung der Aufgabe auszuführen.«

Die technische Einkleidung fordert kein Verständiger vom Theoretiker, sie wäre völlig wertlos; auf das Kleid kommt es gar nicht an, nur auf die Sache, auf die richtigen sachlichen Bedingungen und Abhängigkeiten.

Ist die Sache vom Theoretiker »abstrahierend« eingekleidet, so kann sie ganz wertlos und irreführend werden, wenn die Einkleidung die Schwierigkeiten der Wirklichkeit abstreift, statt sie aufzuzeigen.

Lehrsätze anzuwenden, einen mathematischen Ansatz anzuschreiben und damit zu rechnen, ist leichtester Anfang der Übung und bleibt weit ab vom Schwierigen, das immer darin liegt, die Grenzen der Anwendung zu erkennen und die Vielheit der Bedingungen richtig zu würdigen, nicht bloß einzelne schulmäßig ausgewählte zu berücksichtigen.

Diese Schullehre weiß nichts von den zusätzlichen Bedingungen, den lehrsatzfremden, nichts von den Zugeständnissen und Mittelwegen, die der Erfahrene wählen muß, um widersprechenden Bedingungen zu genügen, sie weiß nichts und lehrt nichts vom notwendigen bewußten Verstoßen gegen die »Lehrsätze«.

Denn die Welt ist einmal so eigensinnig, einander widersprechende Bedingungen und schwer erkennbare Nebenbedingungen zu stellen, die jedoch mitentscheiden, häufig sogar allein entscheiden.

> »Diese Tätigkeit bietet aber schon an und für sich so viele Schwierigkeiten, daß die weitere Schwierigkeit, den mechanischen Kern aus der technischen Einkleidung herauszuschälen, nicht noch hinzugefügt werden sollte. Dieses letztere sollte vielmehr dem Konstruktionsunterricht überlassen bleiben, nachdem der Studierende in der Mechanik die mechanischen Gesetze und die Rechenoperationen der Mechanik gründlich kennengelernt hat. Er wird sich dann im Fachunterricht viel eher bewußt, daß er hier mit Vernachlässigungen arbeiten muß, die sein Rechenergebnis zu einem angenäherten machen, als wenn er schon von Anfang an nur in technische Einkleidungen gestellte Aufgaben bearbeitet und dann doch als Anfänger immer in der üblichen Weise nur die einfachen Formeln anwendet.«

Die »technische Einkleidung« in diesem Sinne ist ungefähr dasselbe wie die »Handfertigkeit«, mit der die wichtige Geistesfähigkeit der Vorstellung und das Ausdrucksvermögen schulmäßig bezeichnet wird. Wenn die Mechanik das schwierige Wirkliche dem Gestaltungsunterricht überläßt, dann ist sie selbst nicht nur entbehrlich, sondern wegen Irreführung der Studierenden schädlich.

Denn einseitige Lehrsätze aufzustellen und einzuüben ist sehr bequem, schwierig hingegen ist es, den vielen gegebenen Bedingungen gemäß die Sache und ihr Wesentliches herauszuschälen, wobei die Art der Einkleidung, ob technisch oder »theoretisch«, ganz gleichgültig bleibt.

Grobe Irreführung der Schüler ist es, sie glauben zu machen, nur in der Fachlehre gebe es grobe Vernachlässigungen, nur dort gebe es rohe angenäherte Rechnung, in der Theorie hingegen gehe es »streng« her.

Im Gegenteil! Die Fachwissenschaft muß sich der Wirklichkeit viel mehr nähern als die Theorie, die sich der allerrohesten Annäherungen bedient, bis zur Sachentstellung! Siehe verschiebbare Kräftepaare, starre Einzelkräfte, weggetäuschte Formänderungen usw.

> »Eine allzu weit gehende technische Einkleidung der Aufgaben ist daher auch deshalb vom Übel, weil man die meisten technischen Aufgaben nur auf Grund von mehr oder weniger groben Vernachlässigungen und somit nur annäherungsweise lösen kann. Es ist daher für den Studierenden besser, erst einmal idealisierte Aufgaben (reibungslose Gelenke, vollkommene Einspannung, Punktauflagerung, unveränderliche Reibungszahl, konstante Betriebskraft usw.) zu erhalten, für welche die Rechnung streng gilt. Die pädagogische Ausbeute der Aufgabe für das Verständnis der Mechanik und der in ihr behandelten Naturerscheinungen ist vor allem entscheidend. Das hindert nicht, daß diejenigen Aufgaben in den Vordergrund gestellt werden, die für den Ingenieur von Wichtigkeit sind.
>
> Ich bin bestrebt, durch die Art der Stellung der Aufgaben den Studierenden nach Möglichkeit zu eigenem Nachdenken über das, was bei der Lösung zu lernen ist und was er behalten soll, anzuregen, damit er die Beziehungen wirklich beachtet und in sein praktisches Gefühl aufnimmt, die sich ihm aus den Formeln ergeben.«

Hier ist das Sinnwidrige noch einmal und schärfer gesagt: die technische Einkleidung sei nur eine Form und die »technischen« Aufgaben seien nur mit »groben Vernachlässigungen« lösbar, aber die theoretisch »idealisierten« Aufgaben seien das Wahre! Diese sind jedoch nur hergerichtet, in allen Graden bis zur falschen Erfassung, bis zur vollständigen Täuschung, mit der Wirkung meist lebenslanger Verblindung der Studierenden.

»Reibungslose Gelenke«, »vollkommene Einspannung« sind papieren, »Punktauflagerung« gibt es nicht! Ebensowenig wie unveränderliche Reibung. Alles das und vieles andere »Theoretische« sind »grobe Vernachlässigungen«. Sie werden aber als das »Höhere« ausgegeben, wie alles, was die Wirklichkeit fälscht.

Und dieses Täuschen wird »Idealisieren« genannt! Hier liegt der Kern der Schulübel!

Allerdings muß der Anfänger mit dem Vereinfachten beginnen, aber die Wirklichkeit darf ihm nicht verschwiegen, sie darf ihm nicht weggetäuscht werden; Aufgabe des erfahrenen Lehrers ist es, ihn von Anfang an in ihre Schwierigkeiten einzuführen.

Es gibt nur stufenweises Lernen; für das sich erst bildende Fassungsvermögen müssen die Lernbeispiele vereinfacht werden. Die hergerichteten Beispiele werden jedoch dem Anfänger durch die Grundlehre als »Grundsätze« beigebracht, das irreführende Verfahren wird ihm als das Höhere, als das Gesetzmäßige, Allgemeingültige gepriesen und das Wirkliche erniedrigt: Das führt zum Verderb der »akademisch« Gebildeten!

Sie werden sich nicht bewußt und sie werden nie dahin belehrt, daß die »Theorie« meist Wichtiges, Entscheidendes »vernachlässigt«. Gerade das Vernachlässigen gilt als »wissenschaftlich«. Sie werden nie belehrt, daß die Theorie nur sehr vereinfachte Trugbilder bieten kann, die nur Lehrbrücken für den Unerfahrenen bilden sollen. Dem aber wird das Hergerichtete als die Wissenschaft von erfahrungslosen, alleinherrschenden Theoretikern gelehrt.

Die Mißleiteten erfahren zu spät, erst in der Fachlehre, einiges aus der Wirklichkeit, falls die Fachlehrer nicht etwa Theoretiker ähnlichen Schlages sind. Zu spät erfahren sie dann das Gegenteil von dem, was ihnen eine einseitige Theorie jahrelang vorgepredigt hat:

daß die Abstraktionen dieser Theorie irreführen, daß sie das Gegenteil von streng, nämlich willkürlich und nur rechnungsmäßig bequem sind;

daß vielmehr nur die verantwortlich Schaffenden streng vorgehen, weil sie alle Bedingungen berücksichtigen müssen;

daß die Schaffenden nicht, wie die Theoretiker, nur einzelne Bedingungen auswählen dürfen, damit das Rechnungsergebnis »rein« herauskomme;

daß sie nie sich selbst oder andere durch bloße Annahmen und willkürliche bequeme Auswahl täuschen dürfen.

Alles das ist den Studierenden verschwiegen worden!

In der kurzen Fachlehre ist es zu spät, ihnen die Augen zu öffnen. In der Fachlehre wollen die Studierenden, die auf Lehrsätze und Formeln eingefuchst sind, höchstens noch Erfahrungen und Daten sammeln und wollen in gewohnter Weise weiterrechnen, nach Formeln, in denen sie ihr Heil suchen, weil sie das Schwierige nicht kennen, das, von erfahrenen Lehrern vermittelt, den größten Lehrwert birgt, aber allerdings nicht mit dem üblichen mechanischen Formelrechnen zu erfassen ist.

Das »Ideal« dieses Schulverfahrens besteht darin, daß das Schwierige, das Veränderliche, wovon die Wirklichkeit erfüllt ist, mit Schulwörtern überdeckt und verheimlicht wird, weil es in die Schullehre nicht paßt. Und auch nicht taugt für die Prüfungen und das abfragbare Wissen, das sie verlangen. Mit dem »Idealisieren« wird das Lebendige aus der Lehre ausgeschieden, nur um scheinbare Einsicht in starre Formeln zu bringen.

Das allein schon erklärt, weshalb hervorragende Schulbildung und bester Schulerfolg im Leben oft kläglich versagen. Und erklärt, warum der Wirkungsgrad der Schullehre so gering ist, der Lehre, die den jungen Köpfen falsche Formeln und Lehrsätze einprägt und sie verblindet. Und erklärt, warum beim Eintritt ins schaffende Leben mühsames Umlernen notwendig wird, weil das Hergerichtete doch erst ausgerodet werden muß, bevor richtiges Werten des Wirklichen möglich ist.

Der Vortragende bringt weiterhin Beispiele theoretischer Einzelrechnungen, an denen das Zahlen- und Buchstabenrechnen geübt wird. Ein kennzeichnendes davon:

Es beginnt mit der verdutzenden Erfahrungsangabe, daß man den Ausflußquerschnitt am Ende einer langen Wasserleitung fast bis zur Hälfte vermindern könne, ohne daß die ausfließende Wassermenge merklich abnehme.

Statt nun diese nur dem Anfänger wundersame Tatsache vor allem ursächlich aufzuklären, wodurch die Aufgabe zu einer allereinfachsten zusammenschrumpft, wird den Studierenden das Rechnen mit Formeln und Tabellen empfohlen, nicht einmal mit übersichtlichen Kurven, die wenigstens Rechnungsfehler sofort aufweisen, sondern mit öden langen Zahlenreihen!

Es wird eine fünf Stufen hohe Formel ohne Zwischenrechnung angegeben und der Studierende aufgefordert, nach dieser Formel tagelang Zahlentabellen auszurechnen, und der Vortragende ruft:

> »Wohl kaum ein Studierender kommt von selbst auf eine solche Tabellenrechnung.«

Hoffentlich nicht! Denn diese Tabellenqual schaltet alles verstandesmäßige wie alles anschauliche Überlegen ganz aus und führt zu einer langen, öden und zudem überflüssigen Schulrechnerei.

Den wahren Sachverhalt aber versteht jeder Sekundaner, wenn ihm gesagt wird:

Durch eine Öffnung kann nur so viel Wasser ausströmen, als der Größe und Form der Öffnung und dem verfügbaren, d. i. wirksamen Gefälle entspricht.

Wenn also das Wasser der Öffnung erst durch eine lange Leitung zuströmt, dann wird in dieser Leitung ein Teil des gesamten Gefälles durch die Wasserreibung verbraucht, bleibt also für den Ausfluß nicht mehr verfügbar, und die Ausflußmenge ist nur für den noch verbleibenden Rest des Druckgefälles zu berechnen.

Jüngling, meide daher Gelehrtspielerei! Spare lange Gleichungen und langweiliges Tabellenrechnen, sondern berechne rein sachlich und in wenigen Minuten: 1. wieviel Gefälle durch die Reibung in der langen Zuleitung verbraucht wird, 2. ziehe das verbrauchte vom Gesamtgefälle ab, und 3. berechne mit diesem Gefällsrest den wirklichen Ausfluß!

So wird die geheimnisvolle, verblüffende Aufgabe vom entstellenden Schulwerk gereinigt und wird rührend einfach. Auch kann jeder Sekundaner verstehen:

Beim Drosseln der Ausflußöffnung wird der Widerstand in der langen Leitung kleiner, weil weniger Wasser durchfließt, das verfügbare Gefälle bleibt entsprechend größer. Womit die Merkwürdigkeit erklärt ist. Erst bei stärkerer Drosselung wachsen die Ausflußwiderstände und die Ausflußmenge nimmt rasch ab.

Jüngling, laß dich nicht umnebeln durch gelehrte Rechnerei »um ihrer selbst willen«, die nur davon lebt, daß hier zwei Zusammenhänge, die hintereinander liegen und wirken, irreführend zu einer Funktion zusammengekuppelt werden, d a m i t eine umständliche Rechnung herauskomme! —

Dann wird die Mechaniklehre vom Vortragenden als »vortreffliches Mittel« gepriesen zu sprachlicher Übung und Vervollkommnung, nachdem vorher die Ingenieure beschuldigt wurden, daß sie wegen ihres Zeichnens und Rechnens die Sprache vernachlässigten. Warum gerade die Mechaniklehre hier wirksam sein soll und nicht auch andere Wissenschaften, das wird verschwiegen.

Der »Ingenieurstudent« wird dabei übler Dinge bezichtigt: — Er

> »begnügt sich auch in der Vorlesung häufig nur damit, Zeichnungen nachzuzeichnen und Formeln nachzuschreiben«,

werde hingegen eine einfältige Formel an die Tafel geschrieben,

»dann schreibt alles mit rührendem Eifer nach«,

während sich nur wenige Hände regten, wenn Tatsachen, Gedankengänge oder

»Anwendungen auf die Praxis« (!)

erörtert würden.

Weiter verliest der Vortragende eine gedruckte Äußerung an die Schüler über den Geist der Prüfungen, im wesentlichen im gleichen Sinne wie die vorangegangenen.

Schließlich wird wieder verlangt, alle »höhere« fachwissenschaftliche Lehre dürfe nur zu einer einheitlichen »höheren Mechanik« zusammengefaßt vorgetragen werden und nicht innerhalb der Fachwissenschaften.

> »Durch solche Zusammenfassung gibt die Wissenschaft ihren Trägern einen weiten Blick und schützt sie vor dem Spezialistentum, und durch solche Zusammenfassung spart man an Zeit bei vertiefter Wirkung des Unterrichts.«

Wenn schon der Abc-Teil der Mechanik, wie der Vortragende selbst deutlich gezeigt hat, so irreführend und verbildend, weil wirklichkeitswidrig gelehrt wird, wie mag es dann um die schwierigen »höheren« Aufgaben bestellt sein? Der »weite Blick« würde wieder an Formeln und Lehrsätze gebunden werden, und die vertiefte Wirkung wäre das »Spezialisieren« im theoretischen Mechanisieren!

»Wiederholtes lebhaftes Bravo und Händeklatschen« verzeichnet der Sitzungsbericht am Schlusse des Vortrags. Dieser Beifall kann nur als allgemeine Zustimmung aufgefaßt werden, an der sich wohl über 400 Berliner Ingenieure beteiligten.

In der anschließenden »Besprechung« wurde nichts Sachliches vorgebracht, keine Anschauung des Vortragenden bestätigt oder bemängelt; der Vortragende wurde jedoch als *»Meister in seinem Fach«* gepriesen, und ebenfalls unter *»lebhaftem Beifall«* wurde der Vorwurf abgewiesen, der den Professoren in der Zeitschrift des Ingenieurvereins gemacht worden sei, *»daß sie dem Unterricht in keiner Weise so gerecht werden, wie es die Praxis verlangt, ihn verfallen lassen und dem Verfall tatenlos zusehen«;* auch wurde die Hoffnung ausgesprochen, der Vortrag werde den Eindruck hinterlassen, daß dieser Vorwurf *»für den Mechanikunterricht wenigstens nicht zutrifft, daß man in der Zeitschrift mindestens übertrieben und mit Schlagworten gekämpft hat.«* Einzig der Vorsitzende hat dem Gefühl Ausdruck gegeben, daß es in der Wirklichkeit doch anders zugehe, als die Formeln besagen.

III. Aus der Welt des Fortschritts.

Fortschritt ist nie zu werten nur nach allgemeinen hohen Worten, nach dem Eigenlobe, wie herrlich weit wir es gebracht, wie die Wissenschaft alles durchdringe, alles erleuchte.

Viele Gebiete sind rückständig und in übervielen wird gehemmt, in viele ist die Wissenschaft zu spät, zu wenig oder gar nicht eingedrungen, oder sie hat für sie »Gesetze« aufgestellt, die in Wahrheit nur Theorien oder Lehrmeinungen sind. Sie hat insbesondere durch Autoritätsglauben gehemmt.

Naturerkennen und Geschichte.

Das Erforschen und Erkennen der Natur ist nur die erste Stufe des Werteschaffens, auf das es für unser Land und für unser Dasein vor allem andern ankommt. »Gemeiner Utilitarismus« in den Augen der alleinherrschenden und alleinredenden Schule!

Lebenswichtiger Fortschritt wird schon dadurch gehemmt, daß die im Gelehrtenreiche Herrschenden die Forschungsarbeit willkürlich werten, und daß im akademischen Bezirke, in welchem die Forschenden doch alle ihr Fortkommen erstreben, manches Wichtige als nichtig gilt.

Wer sich früher etwa mit Akustik abgab oder mit Wärme oder gar mit Reibung, der galt als niedrigstehend oder doch als unreif für die Schwingungswissenschaft, der sich die Führenden zuwandten.

Kenntnis der Reibung ist zwar entscheidend wichtig in der weiten Welt des Bauens und Bewegens, bei großen, für die Allgemeinheit wichtigen Aufgaben der Krafttriebe und Verkehrsmittel, dennoch hat sich die Wissenschaft mit ihrer Erforschung nie abgegeben, auch nicht um ihrer selbst willen. Sie lehrt lieber falsche »Gesetze«, abgeleitet aus Versuchen, die Ingenieure zum Teil schon vor 100 Jahren mit kümmerlichen Mitteln durchgeführt haben.

Die Wissenschaft meidet, nicht zufällig, sondern grundsätzlich dieses große Gebiet, weil die Reibung veränderlicher Art ist — wie fast alles in der Natur! — und weil die Reibung daher keine genau wiederholbaren, »exakten«, d. i. schulmäßig hergerichteten Versuche ermöglicht, die Theoretiker aber wegen ihrer Schulrechnungen nur das Unveränderliche gebrauchen können, nur das, was sich »rein« in Formeln bringen läßt.

Und hier beginnt gerade das Wesentliche der Sache, das Lebendige. Manche »Wissenschaft« bleibt jedoch im bequemen Erstarrten oder im statisch Starrgemachten stehen, weil nur dieses sich in schulbequeme Formeln und Sätze einfangen läßt, und strebt nicht das Dynamische zu erforschen. Auf anderen Gebieten ist die Wissenschaft stolz, endlich in das Lebendige einzudringen.

»Fürs Bleiben hat die Natur keinen Begriff, und ihren Fluch hat sie an das Stillstehen gehängt.«

»Im Erstarren ist nicht mein Heil!«

Trotzdem herrscht auf dem Gebiete der Reibung Stillstand und Fortschrittshemmen selbst jetzt noch, wo vor unseren Augen alte, feste Grundlagen erschüttert werden und neue Denkrichtungen tiefe Umwälzungen bringen, wo der alte Huttenspruch wieder Wahrheit wird.

In der wissenschaftlichen Technik gar, da ist endloser Fortschritt klar vorauszuschauen. Alles Unerhörte, in wenigen Jahrzehnten Geschaffene ist nur bescheidener Anfang zu endlosem Fortschritt. Trotzdem begegnen Fortschrittsucher überall nur heftig Hemmenden, nie Fördernden. Die Forschungsgeister schlafen, während die hemmenden Kleingeister allgegenwärtig wirken.

Die Geschichte des Fortschritts im Erkennen und Anwenden, wie die Geschichte aller Wissenschaften, könnte dann sehr lehrreich wirken, wenn sie nicht wie üblich nur die glänzende Aufwärtsentwicklung zeigte, sondern auch sachlich und persönlich berichtete über die Irrwege der Wissenschaft, über die Hemmer des Fortschritts und über die Leiden der wahren Bahnbrecher, die jeden Schritt vorwärts mühsam erkämpfen mußten.

Die glänzende Fortschrittskette ist ein täuschender Auszug aus den Leistungen ungewöhnlicher Menschen, die als Vorbilder dem Durchschnitt durchaus unerreichbar sind. Durch die Geschichtsdarstellung wird der Eindruck erweckt, als ob die Menschen alle so gescheit und erfolgreich wären wie die wenigen wirklichen Führer. An dieser Darstellung wird es wohl liegen, weshalb auch die »Weltgeschichte« in der Schule so unwirksam ist und weshalb die Völker, die Deutschen voran, aus ihrer Geschichte noch nie etwas gelernt haben. Die Geschichte müßte vor allem lehren, wie und warum Verkehrtheiten namens der jeweilig herrschenden Wissenschaft begangen wurden, und dabei würde sich immer das gleiche Bild zeigen: Kampf gegen die vielen einseitigen Geister, die allein herrschen wollen, Kampf gegen die fest verankerte bequeme Schullehre, um die man sehr besorgt ist trotz aller ihrer Vorrechte, die mit allen, auch den verwerflichsten Mitteln verteidigt werden, Kampf gegen die Verdummten und Geistesträgen der Schule und ihre »Autoritäten«.

Die Geschichte müßte im besonderen über das Persönliche und Gehässige der Fortschrittshemmer berichten. Denn deren Ziel ist oft nur, den Andersmeinenden, den Fortschrittsucher zu ächten und wenn möglich aus dem akademischen Bereiche zu vertreiben, weil sie für das altersschwache Schulgebäude fürchten, das einen allzu frischen Luftzug nicht verträgt. So wird denn unduldsam gekämpft auf Leben und Tod und die Person des Meinungsgegners aufs schärfste angegriffen, um das bevorzugte akademische Pneuma zu retten. Das sind die wahren Gründe des heftigen Fortschrittshemmens; die Alt- und Starrgläubigen mögen sie allerdings oft selbst nicht kennen, denn sie wissen nicht, sie ahnen nur, wie gekünstelt und hohl ihr Schulbau ist.

Galilei war auch einer der Vertriebenen, gegen den, weil in der Sache nichts auszurichten war, eine wirksame »Majorität«, die Herrschenden, damals die Kirche, aufgeboten wurde. In späteren, aufgeklärten Zeiten war aber das akademische Pneuma nicht anders, nur die Formen des Fortschrittshemmens haben sich etwas geändert.

Als Galilei die Jupitermonde entdeckte, wollten seine Gegner durch kein Fernrohr gucken, um die fatale Tatsache nicht eingestehen zu müssen. Genau wie jetzt!

> *»Deshalb verbergen sie auch alle solche Experimente, wodurch die Wahrheit an den Tag kommen und die Unhaltbarkeit ihrer Lehre sich darlegen könnte.«*

Die Geschichte müßte deshalb die vielen lehrreichen Fälle aufweisen, in denen die unfruchtbaren Besserwisser ihre Schultheorien mit aller Macht aufrechtzuerhalten suchten und von der hehren Sache der Wissenschaft sprachen, wo doch nur ihre unzureichende persönliche Meinung in Frage stand.

> *»Sie beweisen auch die Wahrheit nicht, und das ist keineswegs ihre Absicht, sondern es liegt ihnen bloß daran, ihre Meinung zu beweisen.«*

Im »naturwissenschaftlich-technischen« Jahrhundert ist es nicht anders hergegangen. Sogar die mechanische Wärmetheorie hat ihre

Verkannten und Verfolgten: Carnot und Robert Mayer, die Licht- und Schwingungslehre ihren Huygens, Joule, Fresnel; sogar die Bahnbrecher der Dampfer und der Eisenbahnen mußten auf Hemmer und »Autoritäten« stoßen, die »bewiesen«, daß die Sache nicht möglich sei.

Fast gesetzmäßig erfolgt das Hemmen des Fortschritts durch die Dummen oder Verdummten, durch die vielen Besserwisser und Nichtskönner und durch die unduldsamen Altgläubigen, die auf ihre »Autoritäten« schwören.

Zeppelin wurde von naturwissenschaftlich und technisch Gebildeten verlacht, eigentlich als Narr angesehen. Kurz vor dem Kriege hat die Heeresverwaltung ein Gutachten selbstgewählter »Sachverständigen« verlangt, wie es ja meist nur geschieht, wenn eine Rückendeckung für eine Ablehnung gesucht wird. Sie hat sich nicht getäuscht, denn diese Erwählten haben sich gegen die Sache erklärt, obwohl es sich nur darum handelte, zur Förderung von Versuchen Geldmittel zu bewilligen, die damals reichlich vorhanden waren. Namen erster Wissenschaftsgrößen waren damals unter den Fortschrittshemmern und Neinsagern. Sie werden schon noch bekannt werden.

Die Deutschen sollten den Fortschrittsmann in allen Städten aufs sichtbarste ehren, nicht als Erfinder, wohl aber als Charakter, als einen der großen Männer der Tat, die bei uns neben den vielen Vielwissern so außerordentlich schlecht gedeihen, weil die Schule das bloße Reden und Meinen pflegt, das so leicht zu erlernen ist, während das verantwortliche Anwenden und Schaffen im Bereiche der bei uns bevorrechteten »Wissenschaft« nicht zählt.

Die Wissenschaftsgeschichte wäre besonders lehrreich, wenn sie nachwiese, wie die kritischen Geister nur so lange sachblind und halsstarrig sind, als sie einen unbequemen, der Zunft verdächtigen Neuerer richten und verurteilen wollen, und wie außerordentlich hellsehend sie werden und welch feine Sachkenner, wenn sie fremde Verdienste ausbeuten können, ohne den Bahnbrecher zu nennen, oder wenn sie eigene Fehler aus der vorausgegangenen Verstockungszeit zu vertuschen haben.

Gar lehrreich wäre die Geschichte, wenn sie zeigte, wie der Sachsinn stumpf oder scharf wird nach dem jeweiligen »Standpunkte«, den die Hemmer dem Bahnbrecher gegenüber einnehmen: wie sie ihn zuerst angreifen und abweisen, dann nachweisen, das sei alles schon dagewesen, dann ihn ausplündern und schließlich ihm beweisen, er habe seine eigene Sache nicht richtig verstanden!

Die Einsteinhetze der neuesten Zeit ist nur die Wiederholung einer oft dagewesenen akademischen Entartung. Nur daß hier die persönliche Triebkraft weniger sorgfältig versteckt wird, als es sonst in der Regel geschieht. Die Angreifer, zunächst noch auf der ersten Stufe der Bekämpfung stehend, haben sich erst gemeldet, als der Fortschrittsmann im Lande Newtons anerkannt wurde, obwohl doch die Lehre dieses Großen erschüttert wird. Solche Anerkennung vertragen die Kleingeister nicht.

Persönliches.

Im Streite der Meinungen kann man immer darauf zählen, daß gerade diejenigen, die die einseitigsten Meinungen verfechten, tief überzeugt betonen, sie seien »streng objektiv«, »ganz sachlich«, sie suchten und verkündeten nur die »sachliche Wahrheit«!

Das schließt aber schon die anmaßende rein persönliche Meinung ein, sie wüßten allein das Wahre, die anderen nicht. In Wirklichkeit gibt es auch in Wissenschaftssachen nur persönliche Meinungen. Denn jedes schwierige Sachurteil ist doch nur persönliche Ansicht über einen Zusammenhang von Dingen oder Gedanken; jeder urteilt nach seiner eigenen Auffassung und meint nur, er werde alle anderen dazu bringen, ebenso zu denken wie er. Die Beteuerung, man sage nur die »sachliche Wahrheit«, ist bloße Redensart. Die Wahrheit könnte nur ein Unfehlbarer erkennen, den es in den Wissenschaften nicht gibt, sonst gäbe es keinen Fortschritt mehr.

Die Wissenschaft rühmt sich, den »Glauben« aus dem Reiche des Wissens vertrieben zu haben. Trotzdem herrscht in ihr der feste Glaube an überlieferte persönliche Meinungen über Sachzusammenhänge; der Aberglaube, daß diese unveränderlich und ewig gültig seien, schafft den Widerstand gegen die Fortschrittsucher.

Jeder steht neuen Gedanken gegenüber von vornherein auf »einem Standpunkte«, auf seinem persönlichen, kritischen, von dem herab er urteilt, von dem aus er — natürlich ohne zu irren, besonders wenn er Professor ist — doch nur sich selber sieht.

Die akademische Drehkrankheit ist auch persönlichen Ursprungs; der Drehpol ist eben der persönliche Standpunkt. Dabei kann Fortschritt vielleicht herauskommen, wenn der Stellungnehmer wirklich erfahren und unabhängigen Geistes ist, wenn er alles Wesentliche richtig erfaßt und das Neue richtig erschaut hat.

»Die Erscheinung ist vom Beobachter nicht losgelöst, vielmehr in dessen Individualität verschlungen.«

»Der Mensch muß von innen heraus leben, von innen heraus wirken, indem er, gebärde er sich wie er will, immer nur sein Individuum zutage fördern wird.«

»Jeder spricht nur sich selbst aus, indem er von der Natur spricht.«

Das Stellungnehmen wird meist ganz erfahrungslos betrieben, oft ohne innerliche Teilnahme, aber der »sachliche Standpunkt« wird nachdrücklich betont, wenn es gilt, gegen einen Fortschritt sein Nein auszusprechen. Hingegen wird das Stellungnehmen klüglich unterlassen, wenn man gehalten ist, seine Gedanken in der Öffentlichkeit klar und bestimmt zu begründen. Denn dann nagelt man sich ja sachlich fest und kommt womöglich selbst in Gefahr, von Besserwissern und Schwätzern angegriffen zu werden.

Der Sachgrund, warum die Physiker sich nicht mit Reibung abgeben, wurde oben genannt. Dazu kommt aber noch der persönliche, der wirksamste: sie wissen oder fühlen, daß sie, falls sie die Reibung ihrem Wesen gemäß als veränderlich behandeln wollen, gegen die herrschende Schule verstoßen und neue Sachannahmen machen müßten. Das wäre aber »sachliche Stellungnahme«, die eine Lebensarbeit kosten kann und doch nur eine beliebig angreifbare Meinung sein wird; solche Stellungnahme meiden sie daher.

In einer Schrift*) habe ich den Streit eines erfahrenen Ingenieurs mit Theoretikern der Mechanik gekennzeichnet, der nur entstehen konnte, weil das Wesen der Reibung von den Naturwissenschaften noch nicht erforscht ist, oder vielmehr, weil diese an einer alten sinnwidrigen Auffassung festhalten, die offensichtlich aller Erfahrung widerspricht.

Das Überlieferte aber wird wie etwas Geheiligtes verteidigt, zum mindesten wird jeder Neuerer feindlich empfangen und vor allem seine »wissenschaftliche Qualifikation« angegriffen. Der erwähnte Fall bietet eine wahre Musterkarte akademischer Dummheiten und blindwütiger Gehässigkeiten, begangen, weil die »wahre« Wissenschaft nicht einwandfrei angibt, wie die Reibungswirkung richtig zu rechnen ist.

Dieser Fall ist auch lehrreich durch das Verhalten einer alsbald geschaffenen »Majorität«.

»Sobald die Welt den einzelnen Strebenden erblickt, sobald erschallt ein allgemeiner Aufruf, sich ihm zu widersetzen.«

Die Gründe des Hemmens und Hetzens sind immer die gleichen: Gewohnheit und Bequemlichkeit im akademischen Leben, sinnwidrige Hochachtung vor üblichen Theorien, die viel verheißen, nichts be-

*) A. Riedler, »Wirklichkeitsblinde«, Berlin 1919, J. Springer.

weisen, die indes schulbequem sind und mit Getöse gegen jeden Störer ins Feld geführt werden.

»Man will nicht anders, ist daran gewöhnt,
Da haben wir den alten Leierton.«

»Sag nicht, daß ich verwirrt bin,
Bin ich doch, wo mir's behagt.«

»Bist du beschränkt, daß neues Wort dich stört?
Willst du nur hören, was du schon gehört?«

Die Einseitigen versprechen das »Wahre« und bieten nur Schein, nur verallgemeinerte persönliche Meinungen, wollen aber jedem Fortschrittsucher »Fehler« andichten.

Alles ist fehlerbehaftet, und die Fortschrittsgeschichte berichtet nur über Fehlerreihen, da man dem Wahren doch nur allmählich und nie ganz nahe kommen kann. Die Fortschrittshemmer allerdings, die können keine Fehler begehen in ihrem tatenlosen Neinsagen und Nörgeln. Ich habe immer laut bekannt: Wer in seinem Leben nie gründlich daneben gehauen, der kann nichts Wichtiges gewollt und nur wenig gelernt haben.

»Wenn du nicht irrst, kommst du nicht zu Verstand!«

Weil die Erfahrenen ihren Schulsack weggeworfen haben und schweigen, weil sie meist nur eigensüchtig schaffen und erwerben und sich um die Erziehung des Nachwuchses nicht kümmern, deshalb herrschen die unerfahrenen Nichtskönner und ihre »Autoritäten«, herrschen die alten falschen Lehrmeinungen!

»Autorität bringt ebensoviel Irrtum wie Wahrheit mit sich, sie verwirft im einzelnen, was einzeln vorübergehen sollte.«

»Autorität ist hauptsächlich Ursache, daß die Menschheit nicht vom Flecke kommt.«

Der Glaube an das Gedruckte, Schulgenehmigte ist bei uns unerschütterlich; es muß »historisch« weitergebaut werden, auch wenn das Vorangegangene Irrtum war.

Zwar sind sie an das Beste nicht gewöhnt,
Allein sie haben schrecklich viel gelesen.«

»Die Gegenwart führt ins Übertriebene,
Ich halte mich ans Geschriebene.«

Den Dauerschaden, den der Glaube an »Autoritäten« angerichtet hat, müßte die Geschichte besonders eindringlich dartun.

Erkennen und Anwenden.

Fortschritt wird nie durch das Erkennen neuer Zusammenhänge allein geschaffen, stets muß das fruchtbringende Anwenden mitwirken.

Die Geschichte berichtet, wie die Entwicklung träge dahinfloß und jahrhundertelanger Stillstand eintrat, trotz der gewonnenen klaren Erkenntnis, wenn das Anwenden fehlte, und wie oft sprunghafter Fortschritt einsetzte, wenn das Anwenden erfolgreich war. Das Anwenden entscheidet oft allein über den Fortschritt, aus vielen zwingenden Gründen:

Weil alle Wissenschaft nur bessere Nutzanwendung für Menschenzwecke erstrebt. Wer dies in unserem Zeitalter des Wissenschaftswahns laut sagt, wird allerdings gesteinigt!

Weil nur das Anwenden die sachlichen und persönlichen Annahmen ständig und unfehlbar nachprüft, mit denen jedes Erkennen belastet ist, weil nur das Anwenden das Falsche erkennen läßt, mit dem man zwar viel reden und rechnen, aber nichts schaffen kann.

> *»Das Falsche hat den Vorteil, daß man immer darüber schwätzen kann, das Wahre muß gleich genutzt werden, sonst ist es nicht da!«*

> *»Beim Übergang von der Erfahrung zum Urteil, von der Erkenntnis zur Anwendung ist es, wo dem Menschen gleichsam wie an einem Passe alle seine innern Feinde auflauern; Einbildung, Ungeduld, Vorschnelligkeit, Selbstzufriedenheit, Bequemlichkeit, Leichtsinn, Veränderlichkeit und wie die ganze Schar mit ihrem Gefolge heißen mag, alle liegen hier im Hinterhalt.«*

Weil das Anwenden allein die Grenzen und den Wert der gewonnenen Einsicht erkennen läßt, während das bloße Erkennen allzu leicht zum voraussetzungsfalschen Grübeln führt, zum sachfalschen Rechnen und Urteilen.

Weil nur das Anwenden in das Wesen der Wirklichkeit einführt und richtiges Erziehen schaffender Geister ermöglicht, eines Nachwuchses, der doch einiges vom schwierigen Leben kennt und nicht ganz schaffensscheu gerät wie in der jetzigen Schule.

> *»Erziehung heißt die Jugend an die Bedingungen gewöhnen, zu den Bedingungen bilden, unter denen man in der Welt überhaupt, sodann aber in besonderen Kreisen existieren kann.«*

Die Fortschrittsgeschichte zeigt sogar, daß viele Erkenntnis der Anwendung allein zu danken ist, die zunächst kühn auf unsicherem Grunde vordrang, dann aber in planmäßigem Weiterschreiten sichere

Einsicht zu gewinnen wußte. Die landläufige Annahme, daß die Wissenschaft der Anwendung in der Regel die fertige Einsicht liefere, ist ein großer Irrtum.

Die Geschichte der Dampfmaschine, des Verkehrs und der meisten Industrien bekundet dies auffällig.

Die großen Anwender haben die Welt umgestaltet. Der gelehrte Dünkel trennt jedoch Erkennen und Anwenden, gibt das Erkennen für das Höhere aus und stempelt zu Unrecht allen Fortschritt als Gelehrtenwerk.

Die Geschichte bestätigt solchen Anspruch nicht. Sie weist größten Fortschritt nur auf, wenn die erfahrenen Anwender zugleich Erkenntnissucher waren, oder wenn Anwender und Forscher in enger Gemeinschaft wirkten, wie es in unserer Zeit in vielen Großbetrieben geschieht.

Die Optik zeigt eine Kette rascher Erfolge im Forschen und Anwenden schon in der ersten Entwicklung der Fern- und Kleinseher, die den Blick und Geist des Menschen in weiteste Fernen und ungeahnte Tiefen dringen ließen.

Das entscheidende Verdienst der Anwender darf nicht verschwiegen werden, wie die Gelehrten meist belieben, die in dem Mitstrebenden nur den »bloßen Mechaniker«, den Handlanger sehen und ihn höchstens anerkennen, wenn er in unverdrossener Mitarbeit im Universitätsbereiche das Patriarchenalter schon überschritten hat. Kein Verständiger wird den Anwendern besondere Verdienste zusprechen, wenn sie nicht zugleich die Erkenntnis förderten.

Es gab indes unter ihnen allezeit viel findige Köpfe. Der erfolgreichste aller Himmelserforscher, Wilhelm Herschel, war von Haus aus Musiklehrer. Einer der größten Forscher, Faraday, war erst Buchbinder, dann Laborant und wäre das zeitlebens geblieben, wenn es nach unserer Zunftordnung gegangen wäre. Andere große Bahnbrecher, wie Tyndall und Hertz, waren Ingenieure. Maupertuis, Carnot, Werner Siemens waren Ingenieuroffiziere, Zeppelin gar nur Reiterführer. Guericke war Ingenieur Gustav Adolfs, Franklin war Seifensiedergehilfe; Papin, Helmholtz und Robert Mayer waren Ärzte, Daguerre war Maler, ebenso wie Morse. Reis war gar nichts und sein Nachfolger Bell Taubstummenlehrer.

Im Naturbereiche gibt es nichts zu erfinden, da kann man nur finden und richtig werten. Entdecken ist gleichsinnig mit richtigem Erfassen der Zusammenhänge. Das haben viele Anwender zu allen Zeiten besser verstanden als manche einseitige Grübler. Nur diese und nicht die

Anwender werden jedoch mit den großen Führern auf dem Felde der Erkenntnis zusammen genannt, und albern wird verlangt, ihnen gleiche Ehre zu erweisen wie den wenigen Meistern und wirklichen Fortschrittshelden.

Die Akustik zeigt in ihrer Geschichte deutlich das Überwiegen der Anwender. Die Physiker haben in ihr lange Zeit wenig auf Fortschritt hingestrebt, sie ist Stiefgebiet geblieben. Die Anwender Reis, Bell, Edison und andere Bahnbrecher und Ausgestalter waren keine Theoretiker, und erst ihre weltbewegenden technischen Leistungen haben die Physiker veranlaßt, das Gebiet wieder emsiger zu durchforschen.

Die Chemie galt bis tief ins »naturwissenschaftliche Jahrhundert« hinein gar nicht als Wissenschaft, sie wurde von den Altgelehrten sehr geringschätzig behandelt. Sogar der naturwissenschaftlich denkende Schopenhauer hat über die »Leute von der Retorte und dem Tiegel« gespottet. Erst die greifbaren Erfolge bahnbrechender Einsicht und die Anwendung der Landwirtschaftschemie durch Liebig haben der Chemie bei der alten Zunft den Wissenschaftsrang erringen können. Ein Denkmal der Einseitigkeit und Geistesträgheit, aber auch der Anerkennung erfolgreicher Anwendung der Wissenschaft, die doch »nur um ihrer selbst willen« betrieben werden soll!

Alle hohe und rasche Entwicklung wurde nur erreicht durch die Anwendung der Wissenschaft, durch das Zusammengehen der Wissenschaft mit der Industrie, die schließlich selbst die Forschung in ihre Betriebe aufnahm. In den großen führenden Unternehmungen suchen und picken nun Hunderte von Forschern nach Erkenntnis nur für die Zwecke der Anwendung. Ein Welterfolg war der Lohn.

In der wissenschaftlichen Technik wird aller Fortschritt schon seit Jahrzehnten nur durch die Anwender erreicht, die sich alle dienlichen wissenschaftlichen Werkzeuge nutzbar machen: in der Kraft- und Wärmetechnik, im Berg- und Hüttenwesen, im Verkehrswesen, in der Bodenbautechnik, in der Fasertechnik usw. Noch auffälliger tritt dies dem lebenden Geschlecht vor Augen im neuen Kraftfahr- und Flugwesen, das ganz durch kühne Anwender geschaffen wurde. Erst nach vollendeter Tat wurden die Theoretiker Mitarbeiter auf engbegrenzten Teilgebieten.

Selbst in der Elektrotechnik waren die Theoretiker allein nicht bahnbrechend; der mächtige Aufschwung war nur dem großen Anwender und Geschäftsgeist Werner Siemens zu danken, der ganz und gar kein Theoretiker war, so sehr man sich nachträglich auch bemüht hat, ihn als Wissenschaftsmann hinzustellen, worüber ich Näheres in einer Schrift über das Werden der Großwirtschaft ausgeführt habe.

Überall zeigt sich der gleiche Fortschrittsgang: Die wissenschaftlichen Grundlehren genügen nur für den bescheidenen Anfang. Dann führt Erfahrung und Anwendung, die alle wissenschaftlichen Mittel heranzieht und selbst neue Erkenntnis und neue Wissenschaftszweige schafft.

Die Entwicklung der gewaltig herrschenden Dampfmaschine, der Kraft- und Wärmetechnik überhaupt und des mit ihr zusammenhängenden Maschinenwesens zeigt auffällig das Übergewicht der Anwendung auf dem Fortschrittswege.

Die Dampfmaschinengeschichte ist besonders kennzeichnend: Große Dampfmaschinen wurden schon im 18. Jahrhundert in technischen Betrieben verwendet, ausschließlich von Anwendern mit dürftigsten Mitteln geschaffen. Dem »Geist«, den »Wissenschaften« wird die Umwälzung der Neuzeit zugeschrieben. In Wirklichkeit hat die Dampfmaschine allein still und unaufhaltsam alle Daseins- und Schaffensbedingungen umgestaltet. Schon vor etwa 60 Jahren war die ganze Industrie durch die neue Kraftquelle belebt, und durch Dampfkraftanlagen und Eisenbahnen vollzog sich die gewaltigste aller Umwälzungen auf Erden, selbst in alten Landbauländern. Die Herrschenden haben sie nur nicht bemerkt, und die Völker sind willenlos von ihr mitgerissen worden. Es begann das gewaltige Wachsen der Industrie und seit den 80er Jahren ihre weitere Umbildung in Großbetriebe mit Planarbeit und voller Nutzung der Maschinen.

Die größte und tiefste Umwälzung! Ohne nennenswertes Mitschaffen der Theoretiker vollbracht! Alle wesentlichen wissenschaftlichen Grundlagen waren Gemeingut seit langer Zeit. Gelehrte haben das weltwichtige Gebiet überhaupt nicht betreten; alles, was geleistet wurde, war das Werk der Anwender, geschaffen und vervollkommnet, als die »Grundlehren« der Energieumwandlung, die Wärmetheorie und ihre »Hauptsätze«, als Wärmeäquivalent und Entropie ganz unbekannt waren.

Die aus den Mathematikern sich allmählich entwickelnden Maschinentheoretiker haben den gewaltigen Lauf der Dampfmaschine mit allerlei Betrachtungen und Gerechne begleitet, mit allerlei widersprechenden Meinungen über Zustandsänderungen, Kreisprozesse, über Heißdampf und Dampfmäntel, und an den Hochschulen wurden alljährlich alte Dampfmaschinen untersucht mit vielem Bemühen, aber ohne jeden Erfolg für das große Werden dieser Maschinenart.

Bezeichnend war, wie die Abmessungen von Dampfmaschinen berechnet wurden. Sie wurden entweder nach »Theorien« bestimmt, die nachzulesen jetzt erheiternd wirkt, und dem »theoretisch« Errechneten wurde aus »praktischen Gründen« ein »Zuschlag« von 50—100 v. H. versetzt. Das geschah noch in den 80er Jahren, als die Dampfmaschine schon ihre letzte Gestalt annahm. Dabei sahen die Theoretiker auf die »Praktiker« mit ihren Erfahrungskoeffizienten mitleidig herab. Oder es wurde nach Zahlentabellen gerechnet, deren Herkunft unbekannt war, deren Werte aber leidlich mit der Erfahrung stimmten.

Nie haben die Theoretiker geführt, kein Fortschritt ist auf ihre Arbeiten zurückzuführen, nicht einmal Anregungen haben sie geboten. Das Grundlegende war ureinfach und wurde von ihnen nur verwirrt, das Anwenden kannten sie nicht, konnten daher auch die Erfahrung nicht richtig deuten; sie haben nur voraussetzungslos oder nach willkürlichen Annahmen herumgerechnet.

»Die Menschen verdrießt's, daß das Wahre so einfach ist: sie sollten bedenken, daß sie noch Mühe genug haben, es praktisch zu ihrem Nutzen anzuwenden.«

Selbst Fachleute kennen nicht mehr die Namen derer, die einst theoretisch führen wollten. Selbst die besten sind vergessen. Hirn, Linde und andere Führende waren keine Theoretiker, die waren erfahrene Anwender, erfolgreich Schaffende.

Glänzende Lehrer haben mit ihren Theorien versagt und haben das Anwenden nicht gefördert, wenn sie sich in erfahrungslosem Gerechne verloren oder in geistreichen Betrachtungen, die sich fern vom Wirklichen hielten. Sie haben wiederholt sogar gehemmt und die Entwicklung vorübergehend in falsche Bahnen gebracht.

So durch einseitiges Erfassen der Dampfmaschinensteuerungen. Das sinnwidrige Verfahren Zeuners in seinen »Schiebersteuerungen«, eine geometrische Aufgabe in eine analytische umzudeuten, dann aber doch geometrisch zu lösen, unabhängig von der Wirkung der Steuerung, dieses schulmäßige Verfahren wurde dem Nachwuchs etwa dreißig Jahre hindurch eingeübt. Und fast ebenso lange wurde der Dampfmaschinenbau von den Einseitigen in eine unsinnige Richtung gelenkt durch das Überschätzen der Steuerungen, wodurch nutzlos Millionen verschleudert und der wirkliche Fortschritt aufgehalten wurde. Das Überschätzen der Getriebelehre von Reuleaux hat auch die Handhabung des Patentgesetzes mißleitet, zum jetzt noch fortdauernden Schaden der Schaffenden.

Theoretiker haben lange gehemmt durch ihr Überwerten des »Wirkungsgrades«, durch ihre Prunkversuche mit täuschenden kleinen Verbrauchszahlen, die in wirklichen Betrieben unmöglich sind. Lange Zeit wurde dadurch eine sinnwidrige einseitige Richtung gefördert, nicht aber der Fortschritt, ja nicht einmal die klappersüchtigen Fabriken und ganz und gar nicht die Wissenschaft. Solche Paradeversuche wurden eine »Spezialität« der Theoretiker, aber ihre weitläufigen Berichte enthalten keine Angaben, aus denen Fortschritt für andere Fälle abgeleitet werden könnte. Dasselbe unfruchtbare Verfahren wollten dann einseitige Theoretiker bei Gaskraftmaschinen einführen, dem Unfug konnte indes noch rechtzeitig gesteuert werden.

Die Geschichte spricht auch sehr beredt durch die Tatsache, daß die sonst so schreibeifrigen Theoretiker der Nachwelt durch kein Buch Kunde vom Wesen und Wirken der mächtigen Dampfmaschine geben konnten. Vielleicht schreiben sie es einmal, wenn es diese Art von Maschinen nicht mehr gibt! Den Erfahrenen fehlte die Zeit dazu und wohl auch der Wille, die anderen zu belehren.

Das anspruchsvolle Streben, eine leitende theoretische »Maschinenlehre« zu schaffen, ist bei wiederholten Versuchen stets gescheitert; solche Maschinenlehre hat nur die Unerfahrenen angezogen, hat die Anfänger verwirrt und ist nur an rückständigen Hochschulen beibehalten worden.

Jetzt streben die erfahrungslosen Theoretiker das gleiche unter anderem, falschem Namen an: sie wollen die theoretische Ruine wieder aufrichten als »technische Mechanik« oder »technische Physik«, obwohl es nur eine Mechanik und Physik gibt und obwohl die jetzigen Maschinentheoretiker genau wie ihre Vorgänger jedesmal Schiffbruch leiden, wenn sie die Wirklichkeit auch nur streifen. Die Erfahrenen bleiben gegen solches Aufwärmen der alten Richtung gleichgültig und tatenlos, sie kümmern sich nicht um Lehrfragen und ermöglichen dadurch, daß sich die unfruchtbare wirklichkeitswidrige theoretische Richtung von neuem ausbreitet.

Der wirkliche Fortschritt wird schon seit langem nur durch die Erfahrenen geführt. Sie bedienen sich der Zeichner, um das darzustellen, was sie selbst erschauen, und der Rechner, um das nachzurechnen, was die erfahrenen Gestalter wollen; beide, Zeichner und Rechner, sind nur Mitarbeiter am Gesamtwerk, das die Erfahrenen allein anstreben, bestimmen und verantworten.

Jetzt ist die Dampfmaschine in allen Großbetrieben durch die Dampfturbine verdrängt, und die Entwicklung der Kolbendampfmaschine ist abgeschlossen, die ein halbes Jahrhundert lang ein gewaltiges Feld für wissenschaftliche Lehre und Forschung bot. Die »Theorie« hat während dieser langen Zeit nicht einmal das Wesen der Dampfmaschine als Wärmemaschine ausreichend erhellt, sondern sie wesentlich nur als Kraftmaschine behandelt. So einseitig war sie, darum auch bar des Erfolges.

Das Bild, das die Dampfmaschinengeschichte zeigt, wiederholt sich in der Entwicklungsgeschichte der übrigen weltumgestaltenden Maschinen.

Die Verbrennungsmaschinen sind gleichfalls nur durch Anwender entwickelt worden, denen das Gerechne der Theoretiker über Kreisprozesse, die sich nie verwirklichen lassen, nichts helfen konnte. Die Anwender haben die Grundlagen selbst geschaffen und wurden dabei durch das Mittun der Theoretiker nur gehemmt, so durch die Jagd nach »vollkommnen« Motoren, nach besten Wirkungsgraden, durch die Zweitaktübertreibungen usw.

Die Dampfturbine herrscht jetzt. Ihr Vater ist der Alexandriner Heron. Zwei Jahrtausende hindurch waren also die Grundlagen bekannt. In den letzten Jahrzehnten wurden sie erschöpfend wissenschaftlich behandelt, aber auch die Dampfturbine ist nur durch Anwender geschaffen worden.

Zwischen dem Spielzeug Herons und unseren 75000pferdekräftigen Betriebsturbinen liegt die Riesenarbeit der Anwender und ihre reiche Erfahrung, aus der allein durch wissenschaftliche Mittel und sachkundiges Deuten der Erfahrung der gewaltige Fortschritt hervorgegangen ist, ebenso wie die sichere Einsicht, die das verantwortliche Schaffen fordert.

Das lehrreiche Urteil der Geschichte über den Einfluß der Theoretiker wird sich auch auf den kommenden Stufen des Fortschritts bestätigen, im Werden der Verbrennungsturbine, die den verschwenderischen Dampfbetrieben ein Ende bereiten wird, weil die Welt endlich in schwerer Not einzusehen beginnt, daß Dasein und Fortschritt von unseren Brennstoffen abhängen.

IV. Aus der wirklichen Welt.

Weitere Sachklärung im einzelnen zu versuchen, etwa gar im engen Fachrahmen, wäre jetzt aussichtslos, weil jede sachliche und fachliche Auseinandersetzung von den Blinden doch nur im alten einseitigen Geiste gedeutet wird, wie sie jetzt ja auch alles »reformieren«, aber ganz im alten Geiste bleiben und dem Überkommenen nur andere Namen und Deutungen geben. Die Zeit für eine wirksame Erörterung wird schon kommen.

Eine allgemeine Darlegung hingegen, die jeder Gebildete würdigen kann, die vermag vielleicht einige der schlimmsten Grundirrtümer und Schäden der Schule bloßzulegen und zugleich mehreres, was bisher getrennt erwähnt werden mußte, übersichtlich zusammenzufassen.

Sachdeuten.

Es gibt in der Natur und darum auch in der wissenschaftlichen Technik, abgesehen von einigen einfachsten Vorgängen, keinen Zusammenhang, der sich richtig in elementar-mathematischer Sprache oder in einer integrierbaren Gleichung ausdrücken ließe; wenigstens läßt sich der Zusammenhang nicht vollständig erfassen und derart, daß das Ausgedrückte voll der Wirklichkeit entspricht.

Der überlegende und rechnende Mensch muß daher bewußt Fehler begehen, muß bewußt gegen das wirklich Gegebene verstoßen, indem er wirklichkeitswidrige Annahmen macht, um wenigstens vorläufig zu einer vereinfachten, begrenzten Einsicht zu gelangen, und selbst diese läßt sich nicht immer mathematisch ausdrücken. Das bewußt Fehlerhafte ist daher Ausgangspunkt aller Einsicht in der wirklichen, in der schaffenden Welt; aber dies muß offen bekannt und darf vor allem dem Lernenden nicht verschwiegen werden.

»Die Natur versteht gar keinen Spaß, sie ist immer wahr, immer ernst, immer streng, sie hat immer recht, und die Fehler und Irrtümer sind immer des Menschen.«

Die bewußt zu begehenden Fehler liegen im Widerspruch der gewählten Annahmen mit der Wirklichkeit, sie liegen daher in allen darauf folgenden Überlegungen, Rechnungen und Deutungen, die doch nur auf den gemachten Annahmen aufgebaut werden können.

Hier zeigt sich die große Kluft zwischen der sich überhebenden »Theorie« und der wirklichen Welt. Was die Theoretiker durch weitestgehende Annahmen und Vereinfachungen ermitteln und rechnen können, das nennen sie das Wahre, das Gesetzmäßige, das »Reine«, Exakte, und alles das ist doch nur wissenschaftliche Meinung auf Grund vorläufiger Annahmen; solche Meinung wird eben Theorie genannt, falls sie vorwärts helfen kann, wird aber stets eine Kette von Fehlern enthalten. Es gibt ebensoviel Fehler, als es

Sach- oder Rechnungsannahmen gibt, um zu integrierbaren Gleichungen zu gelangen, oder als es

zergliedernde Annahmen gibt, die einen Zusammenhang der Wirklichkeit in Teile auflösen, um wenigstens einzelne Teile mathematisch zu fassen, oder als es

Annahmen gibt, die bloßen Meinungen entstammen, ohne Absicht, Fähigkeit oder Möglichkeit, sie rechnungsmäßig auszudrücken, oder

Annahmen, die sachunkundiger Deuterei entstammen, ohne anderen Zweck, als um überhaupt herumreden und -rechnen zu können.

Solange irgendwelche Annahmen, also die bloß persönlichen Meinungen zur Sache, offen bezeichnet werden als Voraussetzung der Rechnung oder Theorie, solange läßt sich gegen dieses fehlervolle, aber nicht vermeidbare Verfahren nichts sagen; sein Wert hängt dann ganz davon ab, inwieweit die Annahmen der Wirklichkeit wenigstens nahekommen. Hier zeigt sich eben das menschlich Unzulängliche, das jedem wissenschaftlichen Vorgehen anhaftet; die Theorie kann immer nur ein Versuch sein, verwickelte Zusammenhänge zu erklären, dem später vielleicht wirklichkeitsgerechtere Deutungen folgen.

Theoretiker und Rechner aller Art sollten sich daher nur als bloße Deuter der Sache fühlen, nicht aber als Künder der »Wahrheit«, wie es leider zumeist geschieht. Hier liegt ein Urgrund des Übels in Wissenschaft und Lehre.

Sie sollten sich bewußt bleiben, daß aller Wert ihres Redens, Rechnens und Deutens und alles vermeintliche Erkennen einzig nur im Sachwert ihrer Annahmen liegt und immer nur Stückwerk sein kann; daß alles Rechnen davon abhängt, wie, in welcher Größenordnung und mit welcher Sachwirkung diese Annahmen der Wirklichkeit widersprechen. Denn decken können sie die Wirklichkeit nie!

Genau das umgekehrte Verfahren ist jedoch wissenschafts- und schulüblich!

Das offene Bekennen der stets fehlervollen Annahmen, diese Grundlage des Deutens, ist leider nicht die Regel; das Gegenteil herrscht, nur wegen Mangels an Ernst, an Charakter bei den Deutenden.

Denn der Ernst der Einseitigen ist nur ein schulmäßiger, zeigt sich immer nur in der Form und in den Mitteln, nicht in der Sache; es mangelt ihnen sogar an Aufrichtigkeit gegen sich selbst. Das ist aber zugleich Mangel an Charakter. Und alles das rührt daher, daß im akademischen Bereich die unmittelbare Verantwortlichkeit fehlt. Es wird nur darüber gewacht, daß nichts Zunftwidriges unterlaufe.

Die einseitige Schule verblindet eben und schädigt den Ernst und verderbt den Charakter. Ihre und ihrer Schüler Sorge ist die richtige Formel, der Schein, das Schulmäßige. Die Furcht der Strebenden ist, der Zunft, den Akademikern als nicht ganz schulgerecht denkend zu erscheinen, an Ansehen als Rechner zu verlieren und gar als »unwissenschaftlich« zu gelten, wenn sie die Sache über die Form und das Mittel der Rechnung stellen.

> *»Mangel an Charakter der einzelnen forschenden und schreibenden Individuen ist die Quelle alles Übels.«*
>
> *»Besonders in der Kritik zeigt dieser Mangel sich zum Nachteil der Welt, indem er entweder Falsches für Wahres verbreitet oder durch ein ärmliches Wahre uns um etwas Großes bringt, das uns besser wäre.«*

Die allein maßgebenden Sachannahmen werden meist versteckt, als selbstverständliche »Abstraktionen« eingeführt; vom Sachsinn sprechen die Rechnenden vielleicht überhaupt nicht, aber das Gerechne und Gedeute wird breit dargelegt, als ob es Selbstzweck wäre.

Die Vereinfachungen werden häufig überhaupt nur rechnungsmäßig eingeführt, ganz sachfrei. Es wird ohne Rücksicht auf Sinn und Einfluß der Sache so gerechnet, daß eben die Gleichung integrierbar, die Formel schulgenügend wird.

Die Zunft, die herrschende Schule und einseitige Lehrer beurteilen denn auch fachwissenschaftliche Sachrechnungen nach Art der angewandten Mittel und Verfahren, insbesondere der mathematischen, und nach der Art, wie die Schullehrsätze herangezogen und beachtet sind. Sachlich falsche oder doch irreleitende Rechnungen und Deutungen werden hochbelobt, wenn sie nur von mathematischen Mitteln, namentlich ungewöhnlichen, viel Gebrauch machen. Der Sachsinn bleibt unbeachtet, er kann sich doch nur dem Erfahrenen durch die Anwendung offenbaren.

Diese schulübliche Beurteilung hat denselben Wert wie das Lob, das sachunkundige Sprachlehrer einem Geschreibe erteilen, dessen sachlichen Sinn sie nicht verstehen.

Sachverwirklichen.

Zu fruchtbringendem Schaffen müssen viele Denkrichtungen und Fähigkeiten zusammenwirken im Kopfe der Leitenden und ihrer Mitarbeiter, wenn wichtige, folgenschwere Entscheidungen verantwortlich zu treffen sind. Z. B.:

wenn eine neue Anlage mit neuen Maschinen ohne ausreichende Vorbilder zu gestalten, ihr Betrieb einzurichten und der Erfolg zu gewährleisten ist, oder

wenn wichtige Maschinen für Massenfertigung zu vereinheitlichen und mit besten Mitteln der Planarbeit auszuführen sind, wobei sie in den Betrieben der vielen unbekannten Käufer vollen Erfolg bringen müssen.

Oder in engerem Rahmen:

wenn eine besonders schwierige Maschine für höchste technische Forderungen geschaffen werden soll, obwohl nach der herrschenden »Theorie« alle Teile wegen Überbeanspruchung brechen müßten, während doch Dauerbetrieb gewährleistet werden muß und der in Jahrzehnten erarbeitete gute Ruf der Fabrik auf dem Spiele steht.

Jeder alltägliche Fall, der schwere Verantwortung bringt und rasches Entscheiden fordert, wäre als Beispiel geeignet.

Das Verwirklichen einer wichtigen Sache und aller ihrer Einzelheiten ist immer an eine vielgliedrige Kette ineinander verflochtener Bedingungen gebunden, von deren sachrichtigem Erkennen und Würdigen der Erfolg abhängt. Insbesondere ist die

Gestaltung und Ausführung abhängig von den vorhandenen Mitteln, die das Anzustrebende und Erreichbare bestimmen, und abhängig von den geistigen Mitteln der Leitung und Mitarbeit, von den technischen Mitteln der Herstellung und der Betriebe und von den Geldmitteln für die kostspielige und zugleich langfristige Durchführung. Dazu kommt:

die Abhängigkeit von den Markt-, Geschäfts-, Rohstoff- und Arbeiterfragen, vom Wettbewerb, von sachlich oder persönlich fördernden oder hindernden Kräften und Verhältnissen, von Materialkosten und Löhnen, von Verbänden, die die Kosten unabhängig von Sachschwierigkeiten bestimmen,

die Abhängigkeit von Gemeinarbeit und Gemeinbeteiligung, von gleichgerichteten oder hindernden Wirtschaftsmächten, von Mitbewerbern und Gegnern aller Art, vom Auslande, seinen Mitteln und seinem Wettbewerb,

die Abhängigkeit von der Leitung, von den Betrieben, vom Einfluß der Arbeiter, der Regierung und der Gemeinden, der Banken und Verbände, von Vorschriften, Verordnungen, Gesetzen, von den Ansprüchen der am Werke Beteiligten, die mitwirken wollen und hindern oder fördern,

die Abhängigkeit von der Teilarbeit, ihrer richtigen Gliederung und Zusammenfassung, vom richtigen und rechtzeitigen Lauf der geteilten und der Gesamtarbeit usf. Bei allen Überlegungen und allen Einzelheiten sind die Forderungen des Betriebes und der Wirtschaft zwingend. Denn die Technik ist nur Mittel zum Zweck, zum betriebstechnischen und vor allem zum wirtschaftlichen Zweck, der vielleicht einmal ein gemeinwirtschaftlicher werden wird, ein nur dem Allgemeinwohl dienender, aber immer ein wirtschaftlicher bleibt, ein Werte schaffender.

Die Einseitigen werden einwenden, solche Schwerüberlegungen seien nur Sache der wenigen Leitenden und nicht der vielen Mitarbeiter, gar nicht aber Sache der Anfänger.

Ein arger Denkfehler, ein völliges Verkennen der Wirklichkeit! Wenn nicht alle Mitarbeiter so denken und streben wie die Leiter, wenn nicht alle Mitarbeiter innerlich verwachsen sind mit der gemeinsamen als richtig erkannten Sache und tiefen Anteil an ihr nehmen, dann wird erfolgreiches Verwirklichen nie gelingen. Selbst alle Vorarbeit muß vom richtigen Geist erfüllt sein.

Denn schon im Anfang, bei den Entwürfen, muß derselbe vielseitige Geist wirken wie später bei der Ausführung, der Geist, der an alle Abhängigkeiten und an die stete Verantwortung denkt. Wer bei den Vorarbeiten sich nicht von den gegebenen Bedingungen führen läßt, sondern von selbstgemachten oder schulmäßigen Annahmen und »Abstraktionen«, der ist zu fruchtbarer Mitarbeit durchaus ungeeignet.

Wer Vorarbeiten macht im Widerspruch mit den Forderungen der Ausführung und des Betriebes, im Widerspruch mit den verfügbaren Mitteln, mit den Kosten und Gewährleistungen, wer nicht allezeit an den Betrieb und seine Bedingungen denkt, der macht nur unnütze Fehlarbeit und wird den Lauf der Arbeit nur hindern.

Selbst wenn man zugäbe, weittragendes, vielseitiges Urteilen sei nicht Sache des Anfängers, wenn man seinen Teilarbeitskreis einschränkte auf das Gebiet der Einzelheiten, auf dem jeder Mitarbeiter verantwortlich Richtiges leisten muß, dann bliebe doch die notwendige Art des Denkens und Arbeitens genau die gleiche.

Angenommen etwa, es seien Maschinenteile für sachrichtige Planarbeit in den Werkstätten auszubilden.

Hier ist genau der gleiche Zwanglauf der Leitgedanken wie bei umfassenden Aufgaben gegeben, schon durch die Abhängigkeit von den Eigenschaften der Baustoffe, von den Forderungen der Betriebe und der Wirtschaft, von den vorhandenen Mitteln, von den Kosten usw., nur daß alles im engeren Rahmen der geteilten Arbeit liegt.

Es genügt, eine Einzelforderung herauszugreifen, um zu erkennen, daß überall vielseitiges Denken verlangt wird, und daß jeder einseitig Verschulte, Verblindete versagen muß:

Bei einem wichtigen Maschinenteil ist die Formgebung sachrichtig zu gestalten, mit Rücksicht auf die Eigenschaften des Baustoffes, die Art der Herstellung und die Bedingungen des Betriebes, dem er dienen muß, sowie im Hinblick auf die stets zu beachtende Kostenfrage. Das erfordert genau dasselbe Denken wie weittragende Aufgaben.

Schulwirklichkeit.

Die herrschende Schulung und Vorbildung, die wirklichkeitswidrige Lehre wird sich nicht ändern. Das lassen auch die jetzt eifrig betriebenen »Reformen« erkennen, die am Lehrstoff, an Studien- und Stundenplänen bessern wollen, aber nicht den Lehrgeist, nicht das Ziel. Die hier im zweiten Abschnitt und im Buch »Wirklichkeitsblinde« gekennzeichneten Beispiele einseitiger Lehr- und Sachauffassung, so auffällig sie sind, zeigen gar nichts Ungewöhnliches. Sie zeigen nur unsern alleinherrschenden Lehrgeist. Diese verwunderlichen

Beispiele sprechen im ganzen und in allen Einzelheiten einheitlich und klar.

Der herrschende Lehrgeist will das Trennen der schulmäßigen »Theorie« von der schwierigen Wirklichkeit oder, wie er die Sache ausdrückt, das Vereinheitlichen der »Wissenschaft«, wobei alles Schwierige ausgemerzt wird.

Dieses Trennen, das Grundübel des Schulelends, ruht ganz auf dem eigensüchtigen Verdeuten der maßgebenden Grundbegriffe: »allgemeine« Bildung, »formale« Bildung, »Bildung« überhaupt, »Theorie« und »Wissenschaft« und anderer lebenswichtiger Begriffe.

Die herrschende wirklichkeitsfeindliche Lehre hat auch gar keinen Anlaß, sich zu ändern, sie ist ja allgemein gebilligt und wird allein gefördert, alles andere gilt als »Nutzlehre«, wird geduldet, verhöhnt oder verpönt. Die herrschende Lehre ist zudem für unerfahrene Lehrer sehr bequem, und diese bilden die große Mehrheit.

Diese Lehre wird auch deshalb weiterherrschen, weil die Erfahrenen und Gewitzigten, die um die Zukunft des Nachwuchses in der schaffenden Technik besorgt sein sollten, der Entwicklung teilnahmslos oder doch tatenlos zuschauen und sich höchstens um die Anlernung von Hilfskräften bekümmern. An die wissenschaftliche Ausbildung rühren die Erfahrenen nicht einmal in Gedanken, obwohl die doch genehmigungsfrei sind; sie können sich die Schulfahrt nicht anders denken, als sie bisher war, lang und unfruchtbar, sie wollen aus dieser künstlich hergerichteten Welt nicht heraus, wollen der Jugend nicht helfen, frisch ins Leben und Schaffen hineinzusteuern.

So hat denn unser Nachwuchs fast nur wirklichkeitswidrige, welt- und schaffensfremde, ja -feindliche Lehre aufzunehmen bis etwa ins 20. Lebensjahr; zunehmend verfällt auch die darauf folgende kurze Fachlehre dem gleichen Geiste und wird immer mehr in den einseitig-theoretischen Sumpf hineingezogen, zum Schaden des Schaffens. Es geht eben akademisch bequem her, so daß das Gesetz des kleinsten Widerstandes sicher wirkt.

Einige starke Persönlichkeiten, die dieser engsichtigen Schulwelt widerstehen, zählen nicht, sie waren stets nur geduldet und sind in ihrem Wirken lahmgelegt durch die sachblinde Vorbildung der Schüler; so ersticken alle Keime einer besseren Lehrrichtung im grauen Dunst der Schultheorien.

Das »normale Produkt unsres staatlichen Unterrichts« wird immer mehr verblindet, kennt Leben und Schaffen nicht, ebenso wie den meisten Lehrern das Anwenden, das Können fremd bleibt. Alles Sachrichtige wird gering geachtet, sogar verachtet. Der Jugend wird die Vorherrschaft der »Ideen«, des »Reinen« eingehämmert, ohne ihr genau zu sagen, was das sei, was erreichbar, was verwirklichbar sei. Auch denen eingehämmert, die nachher Werte schaffen sollen. Das Können hingegen, das verantwortliche Anwenden, ohne das die »Ideen« und das »Reine« fruchtlos bleiben, ist ihnen fremd, und eine kurze Fachlehre kann nicht wieder gutmachen, was die lange Vorbildung versäumt hat.

Die Einseitigkeit tritt bei uns unduldsamer auf als bei andern Völkern, und vor ihren verderblichen Folgen will ich beizeiten warnen. Das Land und die Werteschaffenden werden den Schaden zu tragen haben, den die Einseitigen anrichten. Ich will mir wenigstens sagen können, rechtzeitig zu richtigem Werten und Wollen aufgefordert zu haben.

Mit allem Nachdruck muß hervorgehoben werden: Es handelt sich nicht um die als Beispiele erwähnten Fälle, sondern um Geist und Richtung der ganzen Schulung, die das Wirkliche fürchtet und flieht, die nur Formen und Verfahren lehrt statt der schwierigen Sache. Zu diesem Fälschen der Wirklichkeit werden hohe Worte gebraucht, an die alle glauben; die Einseitigen herrschen und weisen die Wirklichkeit mit erniedrigenden Redensarten ab.

Das Wesentliche ist, trotz der heiligen Entrüstung, die solche Feststellung hervorrufen mag, wieder die Brotfrage. Es leben zu viele von diesem Geiste und sind zu jeder verantwortungsvollen oder gar leitenden Tätigkeit unfähig, wollen aber doch eine Rolle spielen und ihr mühsam Zusammengelerntes an den Mann bringen. Daher suchen sie diesen Geist mit allen Mitteln zu erhalten und zu fördern, insbesondere durch planmäßiges Herabsetzen jeder anderen Richtung, jedes andern Denkens.

Die Alleinherrschaft dieses Geistes muß gesichert werden, denn er lebt auf gar schwachen Beinen; seine einzige, aber bisher feste Stütze sind die Vorrechte, die mit der wirklichkeitsfremden Lehre verbunden sind.

Diese Vorrechte ermöglichen es ihm, alle andern Lehrrichtungen wie ein Schlinggewächs zu umfassen und seinen Redensarten Alleingeltung zu verschaffen, sich als das »Wahre« auszugeben, als das »Höhere«, und alles Schwierige als Nutzlehre, als »banausisch« herabzusetzen. Wenn solcher Geist allgemein gebilligt wird, auch im ganzen Volke, und wenn ihm die entscheidende Studienzeit ausgeliefert ist, warum sollen nicht immer mehr Schulgebildete von ihm leben? Besonders, wenn das Wirklichkeitsrichtige so schwierig ist und bei uns so gering geschätzt wird!

»Den meisten ist die Wissenschaft nur etwas, insofern sie davon leben, und sie vergöttern sogar den Irrtum, wenn sie davon ihre Existenz haben.«

»Solche Leute gehen im Irrtum fort, weil sie ihm ihre Existenz verdanken. Sie müßten umlernen, und das wäre eine sehr unbequeme Sache.«

Diese vielen Gründe sprechen dafür, daß die wirklichkeitswidrige Lehre weiter herrschen und sich noch mehr ausbreiten wird. Ihr Verfahren ist ja auch für die Lernenden bequem, solange man ihnen das wahre Leben und Schaffen verheimlicht, und solange sie von der Notwendigkeit des Umlernens nichts wissen, das dem anderthalb Jahrzehnt Schulbank unfehlbar folgt für den, der nicht von Vorrechten leben kann. Wer freilich zu den wenigen gehört, die dieses Umlernen rasch und heil bestanden haben, der kümmert sich nicht weiter um die, die nach ihm kommen.

Die Abhilfe wäre im Bereiche der wissenschaftlichen Technik sehr einfach. Sie wird an andrer Stelle im Zusammenhange mit den jetzt im Zug befindlichen »Reformen« besprochen werden. Im Zusammenhange mit der im zweiten Abschnitt dieser Schrift besprochenen Grundlehre wäre sie außerordentlich einfach:

Mechanik müßte von wirklichen Mathematikern gelesen werden, nicht von halben, und müßte ein Ganzes mit der höheren Mathematik bilden. Alles, was die Mathematik ohne wirklichkeitswidrige Annahmen nicht bewältigen kann, gehört in die Fachlehre.

Man darf nicht einen Theoretiker, der von Mathematik und auch von Fachwissenschaften etwas weiß, dazwischenpfuschen lassen mit seinen rohen widrigkeitswidrigen Annahmen, einen Theoretiker, der das von ihm aufgetragene Mischgericht als das »Strenge« ansieht und meint, die Fachwissenschaften arbeiteten nur mit »rohen Annäherungen«.

Allerdings muß dann die Fachlehre ihre jetzige Zersplitterung aufgeben und endlich an das Zusammenfassen der Erkenntnis schreiten, das nur Erfahrenen möglich ist.

Es wird aber umgekehrt gemacht. Mechanik wird jetzt für die verschiedenen Fachrichtungen verschieden gelehrt, nun soll eine besondere »höhere Mechanik« neugeschaffen werden; es soll also von neuem getrennt und eine neue Auflage der abgetakelten »theoretischen

Maschinenlehre« geschaffen werden, von demselben Geiste, der schon in der »niedern Mechanik« bewiesen hat, daß er bei jeder Berührung mit der Wirklichkeit scheitert.

Und diesem Geiste soll ausgeliefert werden die alleinige Beurteilung der künftigen Ingenieure in der »Vorprüfung« und in der neuen »höheren Mechanik«; die ganze Fachlehre aber soll wahlfrei werden, sie, die allein die Gelegenheit bietet, etwas von der Wirklichkeit zu erfahren. So verkünden wenigstens die bisherigen Schriften über Hochschulreform. Also Zwangsweg für die Theorie und freie Wahl im Fachbereich, in dem dann alle den Weg des kleinsten Widerstandes gehen werden. Der noch vorhandene Rest von Schaffenskraft und Schaffenslust wird das Opfer sein.

Diesem einseitigen theoretischen Geist verfallen auch die Doktorprüfungen, weil schließlich alles als Mechanik angesprochen werden kann und die durch Sachkenntnis nicht beschwerten Theoretiker sich in allen Dingen das »wissenschaftliche« Urteil anmaßen, mit der Folge, daß das Fachliche und die Erfahrung unbeachtet bleibt und nur das Schulmäßige und das übliche Gerechne verlangt wird. Daraus erwachsen dann sonderbare Blüten, und die redenden oder rechnenden Schwätzer kommen bei solchem Verfahren obenan.

Junge Ingenieure hingegen, die unter Leitung Erfahrener schaffend tätig waren und mit deren Zustimmung wichtige Ergebnisse als Doktorarbeiten vorlegen könnten, scheuen sich, dies zu tun, seitdem sie wissen, daß der Aufputz, das Gerechne gewertet wird, nicht der Sachinhalt. Ohne Gerechne gilt die Arbeit als »nicht wissenschaftlich«. So wollen es die unerfahrenen Einseitigen, und die Erfahrenen fügen sich darein, zum Schaden der Sache, weil sie fürchten, womöglich selbst als unwissenschaftlich ausgerufen zu werden.

Die Technischen Hochschulen sind dazu da, zu wissenschaftlichem Erfassen des Wirklichen und zu fruchtbringendem Schaffen zu erziehen. Einst waren sie gar nur Schulen für staatliche »Baubediente«.

Wenn jetzt nur einseitiges theoretisches Wissen und hergerichtetes Gerechne an ihnen gepflegt werden soll, dann ist diese Hochschulart ganz entbehrlich. Das können andre auch. An Schaffenden wird es dann aber künftig fehlen.

Der Kern der Sache ist: Der hier gekennzeichnete Geist fälscht das Wirkliche, indem er es nur als Vorwand für Schulrechnungen gebraucht; er führt zur vollständigen Mechanisierung der Wissenschaft. Das sei mit allem Nachdruck gesagt. An anderer Stelle werden Begründungen dazu folgen, ohne Zusammenhang mit armseligen Einzelfällen und Meinungen fanatischer Einseitiger.

Die Erfahrenen.

Die Erfahrenen, die im Leben reiche Sach- und Menschenkenntnis erwerben konnten, die das Nichtige der Schulverfahren erkannten und durch eigenes Schaffen starke Könner wurden, sie sind fast alle mitschuldig an den herrschenden Schulzuständen, am Stillstand und am Rückschritt, an der weltfremden, schaffensfeindlichen Erziehung der Jugend.

Sie sind mitschuldig, weil sie, ihre Schulbank vergessend, nicht des Nachwuchses gedenken und es verabsäumen, mit aller Kraft für das Wichtigste eines gesunden Volkes zu sorgen, für die Heranbildung einer leistungsfähigen und schaffensfreudigen Jugend.

Sie bleiben ganz untätig, sogar alle, die im Schaffen mit den sachfremd denkenden oder träumenden jungen Köpfen viel Not und Mühe, vielleicht auch Mitleid gehabt haben und selbst doch nur leistungsfähige Mitarbeiter gebrauchen können, nicht eingebildete Besserwisser und schaffensunfähige Lehrerähnliche.

Das Schweigen der Erfahrenen wird natürlich als Zustimmung ausgelegt. Nur deshalb bleibt das Lehrwesen im wichtigsten Teile den Unerfahrenen überantwortet. Die Erfahrenen finden es bequemer, nur die eigentliche Fachlehre zu schmähen, weil sie es nicht fertig bringt, die langjährig Verbildeten in zwei Semestern wunderwirkend zum Leben und richtigen Schaffen zu erwecken und die Sachblinden in leistungsfähige, verantwortungsreife Mitarbeiter umzukneten.

Im ganzen Lande haben sich jetzt, nach dem Zusammenbruch, die alten Unfruchtbaren, die Einseitigen gerührt, und ihnen allein ist wieder die »Reform« anvertraut. Nur wegen der Untätigkeit der Erfahrenen.

Mit meinen wiederholten Darstellungen des Schulelends habe ich vielen Erfahrenen aus der Seele gesprochen, ich weiß es, und viele der besten von ihnen haben es mir ausführlich und mit starken Begründungen gesagt.

Nicht ein einziger aber wird sich öffentlich äußern! Und wenn ja erfahrene Leiter großer Arbeit einmal öffentlich sprechen sollten, dann würden sie, wie es immer geschehen ist, erst den Fußfall vor der Theorie tun und diese als die »Wissenschaft«

preisen, ähnlich, wie in früherer Zeit die ersten freien Denker durch vorsichtige Vorreden ihrer Bücher bauchrutschig den Theologen schmeicheln mußten, um nicht gebrandmarkt oder verbrannt zu werden. Und die Verfolgungswut hat seitdem in deutschen Landen noch zugenommen.

So werden denn die Erfahrenen die Wissenschaft und die engsichtige »Theorie« in einen Topf werfen und das Ganze als wahre Grundlage alles Fortschritts beloben. Denn die Furcht ist groß, sonst als »Banause« zu gelten, der gemeine Zwecke vor Augen hat statt der hehren, um ihrer selbst willen betriebenen Wissenschaft. Und am Heiligenschein will man doch auch Anteil haben!

Und was das Wesentlichste ist: alle, auch die Erfahrenen, glauben felsenfest an die Wunderwirkung der »wissenschaftlichen« Bildung und fragen gar nicht, ob die herrschende schulmäßige Bildung richtig und erfolgreich sei. Macht der Überlieferung!

Man ist doch selbst so erzogen und kann doch nicht öffentlich seine »Bildung«, seine akademische gar, verleugnen durch unvorsichtiges, nicht landesübliches offenes Sprechen. Es ist doch bei uns unter Strafe lebenslänglicher Schändung verboten, laut das Selbstverständliche zu sagen, daß alles Lernen einen richtigen Sachzweck haben müsse.

Auch drückt das heimliche Bewußtsein, daß man als Leitender aus aller Theorie und »höheren« Richtung herausgeraten ist, falls man je drinnen war, weil man im Drange der harten Tagesarbeit sich nicht um Wissenschaftsmeinungen kümmern konnte, in unserer Zeit der leitenden Übermenschen, die ständig von der Hetzpeitsche der Geschäftssorgen angetrieben werden.

Ein Grund mehr, ja nicht unvorsichtig seine »wissenschaftliche« Herkunft und Strenggläubigkeit anrüchig zu machen, was geschehen könnte, wenn man vom »Nutzstandpunkte« aus spräche und gar von der wissenschaftlichen Erziehung »brauchbare« Leute forderte. Das Schmähen der kurzen Fachlehre ist doch viel bequemer, dabei ganz ungefährlich und wahrt den hohen Schein, der bei uns alles gilt.

So werden denn auch die Erfahrenen aus meinen Äußerungen nur die alte Wahrheit herauslesen, daß jede Lehre für den Anfänger weitgehend vereinfacht werden müsse; die lebenswichtige Grundforderung aber, die von erfahrenen, schaffensgeübten Lehrern wohl erfüllt werden kann, werden sie überhören: daß niemals das Wirkliche und Schwierige weggetäuscht werden darf, daß alle Lehrer erfahren und vielseitig sein müssen, nicht nur Fachwisser oder engsichtig erstarrte Theoretiker, daß sie alle das mannigfaltige schaffende Leben kennen müssen, damit sie ihre Schüler nicht verblinden.

Sie werden sich hüten, solches oder Ähnliches laut zu sagen oder auch nur ein sanft tadelndes Wort gegen die einseitigen Theoretiker oder ihre in der Schaffenswelt unbrauchbaren Schultheorien verlauten zu lassen. Sie werden schweigen wie bisher, höchstens, daß sie mich, den alten Rufer im Streite, bemängeln werden.

Die Erfahrenen haben wegen des allgemeinen Ansehens der »Wissenschaft« gar nicht den Mut, offen auszusprechen, wie es in der harten Wirklichkeit zugeht, oder sie sagen es nur im engen Kreise einsichtiger, aber eigensüchtiger Praktiker.

Sie müßten offen bekennen, daß die Leitenden und ihre Mitarbeiter Größtes vollbringen ohne Schultheorie, mit wirklichkeitsgemäßen Annahmen und mit einem Mindestmaß von Rechnung;

daß die Rechnung und eine annahmenklare Theorie nur Werkzeuge sind unter den vielen, die sie benutzen, und daß die wenigen nachprüfenden Rechnungen die Verwirklichung nur begleiten, aber keineswegs leiten;

daß die Rechnung überhaupt nie führt, sondern immer nur nachprüfen hilft, was der führende Geist vorausschaut; daß die Rechnung meist nur einzelnes Neue als in den Grenzen liegend nachweist, innerhalb deren das vom führenden schöpferischen Geist Gewollte liegt, daß aber nur der Erfahrene den Weg zu diesem Neuen weiß und weist;

daß nur das sachrichtige Vorausschauen zum Ziele führen kann, nie eine Schultheorie und ihre Formeln, daß auf dem schwierigen Werdegange vom Erfassen einer Sache bis zum Gestalten, zur Ausführung, zum Betriebe und zum wirtschaftlichen Betriebserfolge der Rechnung nicht mehr Wert zukommt als den andern Überlegungen und Werkzeugen, nicht mehr Wert als der Zeichnung, die sachgemäß, vollständig und eindeutig das darstellen muß, was der Führende will, was er erschaut;

daß die Rechnung bei diesem Werdegange sogar das meiste schuldig bleibt, weil sie völlig sachrichtig sein müßte, um dem Führer zu helfen, es aber nie sein kann, da sie immer an wirklichkeitswidrigen Annahmen klebt.

Die Erfahrenen sollten deutlich sagen: was denn eine Grundlehre von der Geistesart, von der im zweiten Abschnitt die Rede war, was eine hergerichtete Lehrsatz- und Formelwelt und was

»idealisierte« Aufgaben dem Schaffenden und dem Anfänger nützen, der auf schwierigem Boden Sachrichtiges leisten muß? Was denn eine kurze Fachlehre dem Ohr und Geiste der Verschulten andres sein kann als Worte ohne Sachinhalt? Was denn der durch die Vorbildung Verblindete erfassen kann von dem ihm Vorgesagten über Wirkungsgrade, Kreisprozesse, Wärmebilanzen, Fertigungstechnik, Wirtschaft und Verwaltung?

Alle Überlegungen werden doch von Rechnungen begleitet, nicht bloß die Vorarbeiten. Wo und wie wirken und nützen denn die Schullehre, die Schulrechnung, die »Theorie« und ihre Formeln? Wo sind denn ihre Lehrsätze und ihr Geist wichtig? Wo nützen denn die »wandernden Kräftepaare«, die »mathematischen Bedingungen«, die »idealisierten« Aufgaben, die starren Formeln? Wo führt denn die Schultheorie, wo und wie wirken die jungen Köpfe erfolgreich mit, die im Geiste dieser Theorien vorgebildet sind?

Die Erfahrenen sollten den Schülern und allen ihren Lehrern klar und nachdrücklich sagen, welche der vielen Denkrichtungen und Fähigkeiten beim fruchtbringenden Schaffen zusammenwirken müssen, in welcher Folge und Größenordnung, welche von ihnen maßgebend sind für das verantwortliche Vollbringen schwieriger Werke und für den vollen Erfolg gegenüber den gegebenen Abhängigkeiten. Wo und wie hilft denn hierbei die Schullehre und wie leitet sie die Anfänger und die Alten?

Die Erfahrenen sollten der Jugend insbesondere deutlich sagen, daß alle Ergebnisse der Rechnung stets durch den vorausschauenden erfahrenen Geist beurteilt werden müssen, daß keine Rechnung je einen voraussetzungslosen Wert liefern kann, daß ihre Ergebnisse von keinem noch so gewandten, aber unerfahrenen Rechner beurteilt werden können. Ähnlich wie der bloße Zeichner nicht die Richtigkeit einer Gestaltung zu prüfen vermag.

Die Leitenden sollten endlich verkünden, daß Ingenieurtätigkeit eine Kunst ist oder doch kunstverwandt, aber gar nichts gemein hat mit dem Tun der Grübler und Erbauer von Türmen aus Worten und Rechnungen oder sogenannten »Ideen« der theoretischen Vielwisser, billiger als Brombeeren.

Eine Kunst, die allerdings in strengster Gedankenzucht und im Zwanglauf der gegebenen Abhängigkeiten geübt werden muß, aber wie jede Kunst ein Zusammenfassen, eine Auslese ist und nur dem gelingt, der die Sache in allen ihren Beziehungen richtig erschaut und die einzelnen Abhängigkeiten richtig wertet.

Keiner der Erfahrenen, namentlich der an weithin sichtbarer Stelle stehenden, wird wagen, das Wahre zu sagen, das allerdings nur von den Schaffenden richtig verstanden wird.

Gestalten und Rechnen gehören zusammen wie Absicht und taugliches Werkzeug, wie Schaffen und Nachprüfen; keinem von beiden gebührt an sich ein Erstrang, sondern nur den sachlichen Leitgedanken, die das Ziel erfassen, den Betriebserfolg.

Gestalten und Rechnen werden manchmal derart in Beziehung gebracht, daß grundlegend gesagt wird: man gestalte so, daß man rechnen kann! Das trifft nicht den Kern der Sache, läßt ein breites Hintertor offen für allerlei Unfug. Manche Gestaltung wurde gewählt, weil der einzelne nicht anders rechnen konnte! Man meidet Neuland.

Hinter dieser Fassung der Forderung stecken allerlei Zugeständnisse an schlechte Rechner und unerfahrne Gestalter; wenn sie hingegen nur den Sinn haben soll: man gestalte so, daß unbekannte Wirkungen vermieden werden, dann ist Selbstverständliches gesagt, das wird ein führender Geist nie anders machen.

Die richtige Fassung ist:

Es wird so lange nachgeprüft und das Errechnete beurteilt, bis das herauskommt, was der Leitende will!

Worauf die Unerfahrenen schreien werden: wie unwissenschaftlich, banausisch, anmaßend! Während wirklich Erfahrene sagen werden: wie wahr!

Damit ist nur das Tatsächliche der schwierigen schöpferischen Ingenieurarbeit gekennzeichnet: Nur der erfahrene Führende weiß, wohin er will. Die Rechnung dient ihm, sie führt ihn nicht, sie hilft nur beim Nachprüfen des Gewollten. Ihn führen seine Vorstellungsbilder, deren Teile und Zusammenhänge so lange nachgeprüft werden, bis sich die gewollte Gestaltung als möglich erweist.

Das Sachurteil des Leitenden führt, und die Rechnung hilft ihm beim Urteilen darüber, ob und wie seine leitenden Gedanken und Schaffensabsichten innerhalb möglicher oder sicherer Grenzen liegen. Mehr tut sie nicht.

Nur der Unerfahrene, der Einseitige erwartet in seiner verkehrten Welt von seiner Rechnung die Leitgedanken und Ziele selbst und die »Lösung« der Aufgabe dazu! Wie man es in der Schule gelernt hat! Wie es im Buche steht!

Wissenschaft und verantwortlich richtiges Schaffen stehen in keinem Gegensatz zueinander; wahres Schaffen ist Fortsetzen des wissenschaftlichen Erkennens. Wissenschaft wie Schaffen haben aber gemeinsame Feinde und ihren gefährlichsten Erbfeind in der Sucht voreiligen Verallgemeinerns dessen, was nur für den Sonderfall gilt, nur im Zusammenhang mit andern Bedingungen, von denen »abstrahiert« wurde, sei es beim Überlegen und Rechnen, beim Versuchen oder bei der Beobachtung und Erfahrung.

Dieser Krebsfehler gebiert die Zwillinge: Oberflächlichkeit und Einseitigkeit, die über die Vielheit der gegebenen Bedingungen hinwegschreiten, die Wissenschaft in Zeichen erstarren lassen, die Erfahrung mißdeuten und nicht zusammenfassen.

Im Schaffen wird das falsch Verallgemeinerte bald gerichtet durch die Wirklichkeit der Betriebe und den Wirtschaftserfolg. Im Wissenschaftsbereiche hingegen leben die erstarrten Formeln und Lehrsätze weiter, zum Schaden der Jugend und der Schaffenden, die die Verblindeten erst mit großen Kosten zu leistungsfähigen Mitarbeitern umbilden müssen.

Tiefschädigend ist es daher, daß die Erfahrenen zur wirklichkeitsblinden Bildung schweigen, als ob es sich nur um eine häusliche Schulsache handle, während die Zukunft in Frage steht, die vom richtig gebildeten Nachwuchs abhängt.

www.ingramcontent.com/pod-product-compliance
Lightning Source LLC
LaVergne TN
LVHW081342011026
849161LV00013BB/2982